跟着课本学国学

李纯真 编著

中国海洋大学出版社

·青岛·

图书在版编目（CIP）数据

跟着课本学国学 / 李纯真编著 . —青岛 : 中国海
洋大学出版社，2022. 9
ISBN 978-7-5670-3264-4

Ⅰ. ①跟… Ⅱ. ①李… Ⅲ. ①中华文化－小学－教学
参考资料 Ⅳ. ① G624. 203

中国版本图书馆 CIP 数据核字（2022）第 166081 号

出版发行	中国海洋大学出版社
社　　址	青岛市香港东路 23 号　　　　邮政编码　　266071
出 版 人	杨立敏
网　　址	http://pub.ouc.edu.cn
电子信箱	wangjiqing@Ouc-Press.com
订购电话	0532-82032573（传真）
责任编辑	王积庆　　　　　　　　　　电　　话　　0532-85902349
装帧设计	青岛汇英栋梁文化传媒有限公司
印　　制	日照报业印刷有限公司
版　　次	2022 年 12 月第 1 版
印　　次	2022 年 12 月第 1 次印刷
成品尺寸	170 mm × 230 mm
印　　张	6.25
字　　数	112 千
印　　数	1—1000
定　　价	28.00 元

发现印装质量问题，请致电 0633-8221365，由印刷厂负责调换。

目　录

悠久历史　灿烂文化

——《我是中国人》

一、呈现课本（部编小学语文教材一年级上第2页）

我是中国人

二、学习国学

课本这一页只有一句话:"我是中国人。"这五个字充满了作为中国人的光荣、骄傲和自豪。那么,中国是什么样的国家呢?我们伟大的祖国历史非常悠久,有"上下五千年"之说。在上下五千年的历史里,有许多动人而有意义的故事,我们就从盘古开天地说起。

(一)盘古开天地

传说在太古的时候,宇宙就像是一个大鸡蛋一样混沌一团,天地不分,也没有上下左右。"大鸡蛋"中孕育了一个叫盘古的巨人。有一天,盘古睁开了眼睛,发现周围一团黑暗,也动弹不得。盘古很生气,张开巨大的手掌从黑暗抓出一把板斧、一把凿子对着眼前的黑暗混沌一阵猛劈猛凿。只见巨石崩裂,"大鸡蛋"骤然破碎,其中又轻又清的东西慢慢上升并渐渐散开,变成蓝色的天空;而那些厚重混浊的东西慢慢地下降,变成了脚下的土地。

(二)女娲造人

据传说,女娲是一位人首蛇身的女神。某一天她经过黄河河畔,想起盘古开天辟地,创造了山川湖海、飞禽走兽,改变了原本一片寂静的世界;但总觉得这世界还是缺了点什么,却又一时想不起来。当她低头沉思,看到黄河里自己的倒影时,顿时恍然大悟。原来世界上还缺少了像自己这样的"人"。于是,女娲就参照自己的外貌用黄土捏制了泥人,再施加法力,泥人便变成了人类。

(三)朝代歌

夏商与西周,东周分两段;
春秋和战国,一统秦两汉;
三分魏蜀吴,二晋前后延;
南北朝并立,隋唐五代传;
宋元明清后,皇室至此完。

(四)我们都是中华民族

中国是全国各族人民共同缔造的统一的多民族国家。在漫长的历史进程中,中国各族人民密切交往、相互依存、交流融合、休戚与共,形成了中华民族多元一体的格局,共同开发了祖国的大好河山,共同推动了国家发展和社会进步。

1949年中华人民共和国成立以来,通过识别并经中央政府确认,中国共有民族56个,即汉、蒙古、回、藏、维吾尔、苗、彝、壮、布依、朝鲜、满、侗、瑶、白、土家、哈尼、哈萨克、傣、黎、傈僳、佤、畲、高山、拉祜、水、东乡、纳西、景颇、柯尔克孜、土、达斡尔、仫佬、羌、布朗、撒拉、毛南、仡佬、锡伯、阿昌、普米、塔吉克、怒、乌孜别克、俄罗斯、鄂温克、德昂、保安、裕固、京、塔塔尔、独龙、鄂伦春、赫哲、门巴、珞巴和基诺族。其中,汉族人口占绝大多数,其他 55 个民族人口相对较少,习惯上称为"少数民族"。

三、拓展学习

阅读《中华上下五千年》(儿童版)。

阅读《史记》(儿童版)。

四、学习笔记

遵纪守法　学好文化

——《我是小学生》

一、呈现课本（部编小学语文教材一年级上第 4 页）

上学歌

太阳当空照，
花儿对我笑。
小鸟说："早，早，早，
你为什么背上小书包？"

我去上学校，
天天不迟到。
爱学习，爱劳动，
长大要为祖国立功劳。

本文选自《北京市小学唱歌（一年级第一学期用）》，选作课文时有改动。

4

二、学习国学

我们现在作为小学生,都要遵守《小学生守则》《小学生行为规范》这样的规章制度,也要遵守法律,做一个守规则的好学生。古代学生入学,也是要学习《弟子规》这样的行为规范作为启蒙的。

《弟子规》原名《训蒙文》,为清朝康熙年间秀才李毓秀所作,列述弟子在家、出外、待人、接物与学习上应该恪守的守则规范。后经清朝贾存仁修订改编,并改名为《弟子规》。虽然《弟子规》中有些内容受时代的限制,在今天看来已经不合时宜,但其中还是有很多内容值得我们去学习的。

《弟子规》选读如下:

1. 身有伤 贻亲忧 德有伤 贻亲羞

译:自己的身体受到伤害,必然会引起父母忧虑。所以,应该尽量爱惜自己的身体,不要让自己受到不必要的伤害。自己的名声德行受损,必然会令父母蒙羞受辱。所以,应该谨言慎行,不要让自己的名声和德行无端受损,更不要去做那种伤风败俗、自污名声、自贱德行的事情。

2. 兄道友 弟道恭 兄弟睦 孝在中

译:兄长要爱护弟妹,弟妹要尊重兄长;兄弟姊妹能和睦相处,父母自然欢喜,孝道就在其中了。

3. 财物轻 怨何生 言语忍 忿自泯

译:轻财重义,怨恨就无从生起;言语上包容忍让,忿怒自然消失。

4. 尊长前 声要低 低不闻 却非宜

译:在尊长跟前说话,应该低声细气,不应该咋咋呼呼;但声音太低,交头接耳,窃窃私语,尊长听不清楚,也不合适。

5. 用人物 须明求 倘不问 即为偷

译:想用别人的物品,应该明明白白向人请求以征得同意;如果没有询问主人意愿,或者问了却没有征得主人同意而擅自取用,那就是偷窃行为。

6. 借人物 及时还 后有急 借不难

译:借人物品,应该及时归还;以后若有急用,再借不难。

7. 朝起早 夜眠迟 老易至 惜此时

译:早上应该早起,晚上不应该过早睡;因为人生易老,所以应该珍惜时光。

8. 晨必盥 兼漱口 便溺回 辄净手

译:早晨起床,务必洗脸梳妆、刷牙漱口;大小便回来,应该洗手。

9. 冠必正 纽必结 袜与履 俱紧切

译:帽子要戴端正,扣好衣服纽扣;袜子穿平整,鞋带应系紧。

10. 置冠服　有定位　勿乱顿　致污秽

译：放置帽子和衣服时,应该固定位置;衣物不要乱放乱扔,以弄脏衣帽。

11. 斗闹场　绝勿近　邪僻事　绝勿问

译：打斗、赌博、色情等不良场所,绝对不要接近;对邪僻怪事,不要好奇过问。

12. 闻过怒　闻誉乐　损友来　益友却

译：如果听到别人的批评就生气,听到别人的称赞就欢喜,坏朋友就会来找你,良朋益友就会离你而去。

13. 闻誉恐　闻过欣　直谅士　渐相亲

译：听到他人称赞自己,唯恐过誉;听到别人批评自己,欣然接受,良师益友就会渐渐和你亲近。

14. 己有能　勿自私　人所能　勿轻訾

译：自己有能力,不要自私自利,要帮助别人;他人有能力,不要嫉妒,应当欣赏学习。

15. 勿谄富　勿骄贫　勿厌故　勿喜新

译：不要献媚巴结富有的人,也不要在穷人面前骄纵自大;不要喜新厌旧。

16. 心有疑　随札记　就人问　求确义

译：不懂的问题,记下笔记,就向良师益友请教,求得正确答案。

三、拓展学习

阅读《礼记·曲礼》(儿童版)。

四、学习笔记

学习笔记

五行之说　文化之根
——《金木水火土》

一、呈现课本（部编小学语文教材一年级上第 7 页）

② 金木水火土

一二三四五，
金木水火土。
天地分上下，
日月照今古。

〔周〕佚名石

二、学习国学

五行指古人把宇宙万物划分为五种性质的事物,即分成金、木、水、火、土五大类,并叫它们为"五行"。五行是中国古代哲学的一种系统观,广泛应用于中医、命理和占卜等方面。五行的意义包含着阴阳演变过程的五种基本动态:水(代表浸润)、火(代表破灭)、金(代表敛聚)、木(代表生长)、土(代表融合)。中国古代哲学家用五行理论来说明世界万物的形成及其相互关系。它强调整体,旨在描述事物的运动形式及转化关系。阴阳是古代的对立统一学说,五行是原始的系统论。

中国古代有许多关于五行的记载。《尚书•洪范》中有:"五行:一曰水,二曰火,三曰木,四曰金,五曰土。水曰润下(滋润),火曰炎上(燃烧),木曰曲直(弯曲,舒张),金曰从革(成分致密,善分割),土爱稼穑(意指播种收获)。润下作咸,炎上作苦,曲直作酸,从革作辛,稼穑作甘。"这里不但将宇宙万物进行分类,而且对每类的性质与特征都做了界定。道家人士在春秋时期提出属性论、五行相克相生的思想,以木、火、土、金、水为序,把克、生的次序固定下来,形成事物之间矛盾、统一的模式,体现了事物内部的结构关系以及整体把握的思想。

相生,是指两类属性不同的事物之间存在相互帮助、相互促进的关系。具体是:金生水,水生木,木生火,火生土,土生金。金生水:金销熔生水;水生木:水润泽生木;木生火:木干暖生火;火生土:火焚木生土;土生金:土矿藏生金。

相克,则与相生相反,是指两类不同五行属性事物之间的关系是相互克制的。具体是金克木,木克土,土克水,水克火,火克金。刚胜柔,故金胜木,因为刀具可砍伐树木;专胜散,故木胜土,因为木桩可插进土里;实胜虚,故土胜水,因为堤坝可阻止水流;众胜寡,故水胜火,因为大水可熄灭火焰;精胜坚,故火胜金,因为烈火可熔解金属。

中医学里讲究"五行、五气、五脏、五味、五色",它们彼此勾连,相互提携,相生相克,五行和谐与否直接关系身体状况。

属木的器官:肝、胆、眼睛。工作过于辛苦时要维护的就是肝脏。五行本来是按肝→心→脾→肺→肾这个方向相生的,肝疲劳虚弱,心、脾、肺、肾等器官都会受到影响。这时可以吃些青色食物,比如白菜、包心菜和菠菜等各式叶菜。

属火的器官:心、小肠、舌。养心最好吃些赤色食物,比如红豆、红枣、胡萝卜、西红柿,它们对应的是同为红色的血液及负责血液循环的心脏。气色不佳、四肢冰冷虚寒体质的人可以多吃一些。

属土的器官:脾、胃、口。夏季多雨,是一年中最湿的时期。湿气过多会伤害脾胃,脾胃受伤影响食欲。这时候在饮食上就要"多甘多苦":多吃甜的食物能补益脾气;按五行来讲,属火的心滋养属土的脾,多吃苦味强心的结果也是健脾。土系器官出现问题,对应的是黄色食物,比如橙、南瓜、玉米、黄豆、甘薯等。

属金的器官:肺、大肠、鼻。秋天草木开始枯萎,很容易让人感时伤月,心情不佳。秋天最容易出现的病痛是咳嗽,最应该保养的是肺。金系食物对应的主要是肺脏,大多是白色食物。它们性情偏平、凉,能健肺爽声,还能促进肠胃蠕动,强化新陈代谢。这类食物有梨、白萝卜、山药、杏仁、百合、银耳等。

属水的器官:肾、膀胱、耳。油盐重的食物,虽然更下饭,但伤肾。咸味属水,和肾一族,适量是有益的,过度是糟糕的。黑豆、黑芝麻、蓝莓、香菇、黑枣、桂圆、乌梅等食物,经常吃能帮助和肾、膀胱、骨骼关系密切的新陈代谢正常,有强壮骨骼的作用。

五行与季节的关系:春天属木,夏天属火,秋天属金,冬天属水。春天,花草树木生长茂盛,树木的枝条向四周伸展,养料往枝头输送,所以春属木。夏天各种植物向上生长,长势迅猛,所以夏属火。秋天收获,人们储蓄粮食为过冬做准备,树叶凋落,所以秋属金。水往低处流,冬天万物休眠,为春天蓄积养料,所以冬属水。

三、拓展学习

阅读《中国纪年纪月纪日法》。

四、学习笔记

五行之说　文化之根——《金木水火土》

辙韵基础　声律启蒙

——对韵歌

一、呈现课本（部编小学语文教材一年级上第 13 页）

⑤ 对韵歌

云对雨，
雪对风。
花对树，
鸟对虫。
山清对水秀，
柳绿对桃红。

对 云 雨 风 花 鸟 虫

二、学习国学

"千门万户曈曈日，总把新桃换旧符。"每逢新春佳节，我国各地都有贴春联的习俗，你能准确判断哪句是上联，哪句是下联吗？要想准确判断上联和下联，就得先知道什么是平仄。

古人将汉字的读音声调分为五声,即上平(阴平)、下平(阳平),上声、去声和入声。其中上平和下平统称平声;上、去、入统称仄声。现代普通话中已经没有入声了,古代的入声字在现代读音中较多的是读上声和去声(仍属仄声),但也有一部分字读作平声。

在唐朝以前的诗和散文中是不讲究平仄的。后来,人们发现诗句中字的读音平仄相间,读起来比较顺口,听起来比较好听,并且发现以每两个字平仄变换一次为好,例如白居易《大林寺桃花》中的"人间四月芳菲尽"(平平仄仄平平仄)。再后来,人们在写诗和楹联时发明了对偶句,发现对偶句的上下联中相对应字的读音相反听起来效果最好,例如上联的音调如果是"平平仄仄平平仄",那它的对偶句就是"仄仄平平仄仄平"。由于唐诗一般是由四句或八句组成,于是唐朝的诗人们又创造了第二种句式"仄仄平平平仄仄,平平仄仄仄平平"。这两种句式就是唐诗中最基本的句式,七绝、七律和七言对联的格律,都是由上面这两种基本句式所组成的。如有些句子不好处理,则遵循出句与对句的尾字必须平仄相对,其余位置奇数位上可不对,偶数位上必须相对,即所谓的"一三五不论,二四六分明"。

我国的汉字一字一形,是不可分割的方块;一字一音,不是平声便是仄声;一字一义,从而确定词性。(一字多音义的情况也是有的,但用于特定的地方,仍是一音一义。)"天高"和"地厚"词性相同,平仄相反,就自然而然成为对句。中国的对句不仅有世界文学对句所有的对称美,而且有任何外国文学对句所无法具备的整齐美与音调美。对句在中国古代文学、古代日常生活中应用极普遍,而《声律启蒙》和《笠翁对韵》是当时人们学习写作近体诗、词,用来熟悉对仗、用韵、组织词语的读物。

《笠翁对韵》因作者李渔号笠翁而得名。李渔(1611 ～ 1680),原名仙侣,字谪凡。中年改名李渔,字笠鸿。明末清初著名戏曲家。浙江兰溪人。他所作的《笠翁对韵》分为两卷。按韵分编,包罗天文、地理、花木、鸟兽、人物、器物等的虚实应对。从单字对到双字对,三字对、五字对、七字对到十一字对,声韵协调,朗朗上口。

《笠翁对韵》选读如下:

一、冬

晨对午,夏对冬。下晌对高舂。青春对白昼,古柏对苍松。垂钓客,荷锄翁。仙鹤对神龙。凤冠珠闪烁,螭带玉玲珑。三元及第才千顷,一品当朝禄万钟。花萼楼间,仙李盘根调国脉;沉香亭畔,娇杨擅宠起边风。

清对淡,薄对浓。暮鼓对晨钟。山茶对石菊,烟锁对云封。金菡萏,玉芙蓉。绿绮对青锋。早汤先宿酒,晚食继朝饔。唐库金钱能化蝶,延津宝剑会成龙。巫

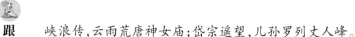
峡浪传,云雨荒唐神女庙;岱宗遥望,儿孙罗列丈人峰。

二、江

奇对偶,只对双。大海对长江。金盘对玉盏,宝烛对银釭。朱漆槛,碧纱窗。舞调对歌腔。兴汉推马武,谏夏著龙逄。四收列国群王服,三筑高城众敌降。跨凤登台,潇洒仙姬秦月玉;斩蛇当道,英雄天子汉刘邦。

三、支

泉对石,干对枝。吹竹对弹丝。山亭对水榭,鹦鹉对鸬鹚。五色笔,十香词。泼墨对传卮。神奇韩干画,雄浑李陵诗。几处花街新夺锦,有人香径淡凝脂。万里烽烟,战士边头争保塞;一犁膏雨,农夫村外尽乘时。

五、微

贤对圣,是对非。觉奥对参微。鱼书对雁字,草舍对柴扉。鸡晓唱,雉朝飞。红瘦对绿肥。举杯邀月饮,骑马踏花归。黄盖能成赤壁捷,陈平善解白登危。太白书堂,瀑泉垂地三千尺;孔明祠庙,老柏参天四十围。

三、拓展学习

阅读《不可不知的民俗全书》。

四、学习笔记

剪出愉快　贴出幸福
——《剪窗花》

一、呈现课本（部编小学语文教材一年级上第 39 页）

jiǎn chuāng huā
剪 窗 花

xiǎo jiǎn dāo　　shǒu zhōng ná
小 剪 刀，　　手 中 拿，
wǒ xué nǎi nai jiǎn chuāng huā
我 学 奶 奶 剪 窗 花。
jiǎn méi huā，　　jiǎn xuě huā，
剪 梅 花，　　剪 雪 花，
jiǎn duì xǐ què jiào zhā zhā
剪 对 喜 鹊 叫 喳 喳。
jiǎn zhī jī，　　jiǎn zhī yā，
剪 只 鸡，　　剪 只 鸭，
jiǎn tiáo lǐ yú yáo wěi ba
剪 条 鲤 鱼 摇 尾 巴。
dà hóng lǐ yú shuí lái bào？
大 红 鲤 鱼 谁 来 抱？
ò！　　zài jiǎn yí gè pàng wá wa
哦！　　再 剪 一 个 胖 娃 娃。

本文作者窦植，选作课文时有改动。

二、学习国学

剪纸艺术是最古老的、流传最广泛的中国民间艺术之一。剪纸艺术风格多样，大体而言，西北地区剪纸风格粗犷，沿海靠江地带剪纸风格细腻。剪纸在不同地区、不同场合有不同的用途。例如在西北，节日剪纸表达人们对美好事物的向往之情，艺术形象多是可爱喜庆的吉祥物。而在山东胶东地区，剪纸仅仅作为窗花之用，而且只作为春节期间的窗户装饰，因此当地又将剪纸称为"剪花""窗花""花儿"等。从剪纸所用的材料看，有的地区只用红纸，单纯大方，别具一格，而有的地区的剪纸多种色彩搭配，色彩浓艳鲜明、对比强烈，显得红火热闹、喜气洋洋。

中国剪纸极具鲜明的民族特色和地方特色。这些看似简单的民间美术作品表现的大多是农村喜闻乐见的事情，有些直接来源于生活劳动的灵感，比如随处可见的花鸟虫鱼、蔬果草木之外，有些剪纸采取谐音、象征、隐喻的手法剪出如连（莲）生贵子、福（蝠）自天来、吉祥（鸡羊）如意的图案。从不同省份来看，陕西剪纸秀丽圆润、线条流畅，戏曲人物、民间故事、风物传说无不可入题；山东高密剪纸"密不容针"，滨州剪纸则"疏可走马"，和谐中求对比，主调中求疏密；河北蔚县剪纸以人物为特色，形象生动，亲切可人。

中国剪纸从具体用途看大致可分四类，一是张贴用，直接张贴于门窗、墙壁、灯彩、彩扎之上作为装饰，如窗花、墙花、顶棚花、烟格子、灯笼花、门笺；二是摆衬用，即用于点缀礼品、嫁妆、祭品、供品，如喜花、供花、礼花、烛台花、斗香花、重阳旗；三是作为刺绣底样，用于衣饰、鞋帽、枕头，如鞋花、枕头花、帽花、衣袖花、背带花的制作；四是印染用，即作为蓝印花布的印版，用于衣料、被面、门帘、包袱、围兜、头巾等。

窗花是民间剪纸中分布最广、数量最大、最普及的品种。其他剪纸品种都是在窗花基础上的发展与延伸。南北各地农村在春节期间都要贴窗花，以达到装点环境、渲染气氛的目的，并寄托着辞旧迎新、接福纳祥的愿望。窗花可分为单色窗花、彩色窗花和纸塑窗花三种。彩色窗花又有染色与衬色之分。染色窗花先刻后染，色泽明艳，光影效果极佳。衬色窗花用金箔纸或银箔纸剪刻出主体纹样，背衬各色彩纸，金碧辉煌、富丽典雅。纸塑窗花是用各色彩纸剪拼形象，人物头面用白布包裹棉花，再作彩绘、开脸，形成浮雕状造型。

特种剪纸是在窗花基础上发展而成的纯观赏性剪纸，这种剪纸具有较单纯的审美价值，做工精湛，风格高雅，经过装裱或装框以供观赏。特种剪纸的文字造型极有兴味，文字的笔画都经过了美化处理，用各种花鸟虫鱼等图形充任笔画，匠心独运。彩色脸谱是在戏剧人物窗花基础上发展而成的特种剪纸。脸谱造型极尽精妙,通常选取形式感强、色彩丰富的谱式,用彩色剪纸的方法制成专供观赏的工艺品。

　　一幅优质的剪纸艺术作品必须要具备剪纸艺术应有的风格和特点。剪纸讲究刀味和纸感,用剪纸的语言来塑造艺术形象。剪纸艺术语言很重要的一个特点是所有形象都有玲珑剔透的形式,还要求剪纸具有"透光"的实用需要,"窗花"尤其如此。试想,如果把一幅黑团团的剪纸贴在窗户上,室外的光线全被挡住了,既不透光,也不美观。优秀的剪纸艺术作品强调装饰味,构图平视、对称,画面均衡、美观大方,线条粗细相宜,色彩鲜明、柔和协调。剪纸艺术作品应该强调造型夸张并兼顾影廓的优美,任何物象都存在着一些美和丑的地方,艺术夸张的目的就是突出美的因素,弱化丑的因素,经过夸张处理后的画面会使人赏心悦目。

三、拓展学习

　　阅读《剪影:中国风吉祥剪纸技法》。

四、学习笔记

剪出愉快　贴出幸福——《剪窗花》

采莲江南　荷叶田田

——《江南》

一、呈现课本（部编小学语文教材一年级上第58页）

二、学习国学

"乐府"是秦汉时掌管音乐的官署。"乐府"之名始见于秦代，汉初沿袭秦制，设有"太乐令""乐府令"等职务，负责掌管宗庙祭祀的雅乐。这些雅乐主要承袭前代，也有一些是汉初制定朝仪、举行祭仪的需要。汉武帝时，乐府的规模得到扩大，开始了大规模的乐歌采集与创制。这些诗乐除了用于礼乐教化、燕飨娱乐外，亦可以"观风俗，知薄厚"，在政治上也发挥着作用。西汉末年，汉哀帝大量裁减乐府官员，只保留了用于祭祀的雅乐，归"太乐"掌管。民间乐歌虽被朝廷排斥，但仍有一些发展。东汉初，朝廷设立"大予乐"专门掌管郊祀乐。"大予乐"没有从民间采诗的任务，不过据史料记载，在东汉时期有根据民间歌谣审核政绩、任命官吏的制度。现存的汉乐府诗中绝大部分是东汉时的民间歌谣。

汉乐府民歌题材广泛，真切地反映了普通民众的生活与情感。从内容来看，大致可分为四类：一是诉说生活艰难、抨击社会不公的诗歌；二是表现人民厌倦战争的诗歌；三是表达漂泊流离、生命忧惧等情感的诗歌；四是反映爱情婚姻的诗歌。

汉乐府民歌具有很高的艺术性，主要体现在以下几方面。

通过人物的语言和行动来表现人物性格。有的采用对话的形式表现人物机智、勇敢、善良等各自不同的性格。也有采用独白的，用第一人称让人物直接向读者倾诉。汉乐府民歌还注意人物行动和细节的刻画，有声有色，形象生动，因而能令人如闻其声，如见其人。

语言的朴素自然而带感情。汉乐府民歌的语言一般是口语化的，饱含着感情，即使是叙事诗，也是叙事与抒情相结合，因而具有强烈的感染力。

形式自由多样。汉乐府民歌没有固定的章法、句法，长短随意，整散不拘。

浪漫主义的色彩。汉乐府民歌虽多是现实主义的精确描绘，但也有一些作品运用了浪漫主义的表现手法。

《乐府诗集》是一部总括中国古代乐府歌辞的汉民族诗歌总集，由北宋郭茂倩所编。现存100卷，主要辑录汉魏到唐、五代的乐府歌辞兼及先秦至唐末的歌谣，共5000多首。按音乐的不同分为十二类：郊庙歌辞、燕射歌辞、鼓吹曲辞、横吹曲辞、相和曲辞、清商曲辞、舞曲歌辞、琴曲歌辞、杂曲歌辞、近代曲辞、杂歌谣辞、新乐府第三编雄风飞扬辞。下面的《十五从军征》就选自《乐府诗集》。

十五从军征

十五从军征，八十始得归。道逢乡里人："家中有阿谁？""遥看是君家，松柏冢累累。"兔从狗窦入，雉从梁上飞。中庭生旅谷，井上生旅葵。舂谷持作饭，采葵持作羹。羹饭一时熟，不知饴阿谁。出门东向看，泪落沾我衣。

采莲江南　荷叶田田——《江南》

赏析:这首诗描写一位服兵役者"少小离家老大回",历尽艰难回到家乡,可呈现在他面前的是家破人亡的惨象。整首诗从老兵战后回到家中写起,由远入近,井然有序。远景出自对话,概述田庐荒芜之貌;近景则以富有特征的事物表现人烟灭绝、屋舍破落之景。环境描写与细节描写相结合,衬托出人物的思想感情,塑造出一位十分令人同情的老兵的形象,深刻地揭露了封建社会不合理的兵役制度对劳动人民的残酷奴役与严重迫害。

三、拓展学习

阅读《不可不知的民俗全书》。

四、学习笔记

时分四季　春夏秋冬

——《四季》

一、呈现课本（部编小学语文教材一年级上第60页）

④ 四季

草芽尖尖，
他对小鸟说：
"我是春天。"

荷叶圆圆，
他对青蛙说：
"我是夏天。"

谷穗弯弯，
他鞠着躬说：
"我是秋天。"

雪人大肚子一挺，
他顽皮地说：
"我就是冬天。"

二、学习国学

我国自古就是农业大国,历朝历代都极重视农业。我国古代的劳动人民根据对自然的了解,不断总结生产和生活经验,利用土圭测日的方法,定下了仲春、仲夏、仲秋、仲冬四大节气。之后,通过农业生产的实践,不断地改进与完善,到秦汉年间,二十四节气已完成确立,成为指导农事活动的重要依据,影响着千家万户的衣食住行。二十四节气,是中国历法的独特创造。2016 年 11 月 30 日,"二十四节气"被正式列入联合国教科文组织人类非物质文化遗产代表作名录。

通俗地说,二十四节气就是把一年分为二十四等份。天文学上的解释是指太阳从黄经零度起,沿黄经每运行 15 度所经历的时间称为一个节气,每年运行 360 度,共计 24 个节气,每月有 2 个节气。节气是现在的叫法。古代历法中,"节气"是专指每月第一个节气,即立春、惊蛰、清明、立夏、芒种、小暑、立秋、白露、寒露、立冬、大雪和小寒;每月的第二个节气是"中气",即雨水、春分、处暑、秋分、霜降、小雪、冬至和大寒、谷雨、小满、夏至、大暑。"节气"和"中气"交替出现,各历时 15 天。如今,人们把"节气"和"中气"统称为节气。为了便于记忆,人们编写了《二十四节气歌》:春雨惊春清谷天,夏满芒夏暑相连,秋处露秋寒霜降,冬雪雪冬小大寒。

二十四节气除了指导农业生产外,已潜移默化为中国大众灵魂深处的一种情结。一些节气和民间文化相结合,成了人们的固定节日。最著名的清明、立春、立夏、冬至等,都已融入节日的氛围。民间盛传的"冬至饺子、夏至面""头伏饺子、二伏面、三伏烙饼摊鸡蛋"等说法,正是这些节令伴有丰富多彩的民俗活动的具体展现。同时,我们还可以从文化的层面来了解一个节气,比如立春的迎春祭祀、雨水的中华雨文明、惊蛰的春耕图腾、清明的家国情怀、谷雨的茶文化等等。

不论是春分时节、雨水天气,还是白露渐深、冬至大寒,每一个节气都饱含诗意,这种诗意伴着诗词流传至今。

清明

杜牧

清明时节雨纷纷,路上行人欲断魂。

借问酒家何处有,牧童遥指杏花村。

译文:江南清明时节细雨纷纷飘洒,路上羁旅行人个个落魄断魂。询问当地之人何处买酒消愁,牧童笑而不答指了指杏花深处的村庄。

春夜喜雨

杜甫

好雨知时节,当春乃发生。随风潜入夜,润物细无声。

野径云俱黑,江船火独明。晓看红湿处,花重锦官城。

译文:好雨知道下雨的节气,正是在春天植物萌发生长的时候。随着春风在夜里悄悄落下,无声地滋润着春天万物。雨夜中田间小路黑茫茫一片,只有江船上的灯火独自闪烁。天刚亮时看着那雨水润湿的花丛,娇美红艳,整个锦官城变成了繁花盛开的世界。

三、拓展学习

阅读《四季读诗》。

四、学习笔记

时分四季 春夏秋冬——《四季》

古老传统　猜谜成趣

——《画》

一、呈现课本（部编小学语文教材一年级上第 67 页）

二、学习国学

　　谜语主要指暗射事物或文字等供人猜测的隐语，也可引申为蕴含奥秘的事物。谜语源自中国古代民间，它是中国古代劳动人民集体智慧创造的文化产物。2008 年 6 月 7 日，谜语经国务院批准列入第二批国家级非物质文化遗产名录。

　　中国的谜语源远流长，已经有三千多年的历史了。早在西周以前，我国就出现了谜语的语言现象，即富有隐喻和暗示性质的歌谣。随着人类社会的进步和科学文化的发展，到了春秋战国时期，语言日益丰富，具有隐示性的歌谣得到了很大的发展,出现了中国谜语的最早形式——廋辞和隐语,这是谜语的最初萌芽。"廋辞"二字最早见于左丘明的《国语·晋语》:"有秦客廋辞于朝,大夫莫之能对也。"这说的是发生于公元前542年的事。由此可见,春秋时期廋辞就出现了。隐语比廋辞出现得晚,如同廋辞一样,也是以形象生动的评议来隐示事物,因而十分流行。直至南朝宋学家鲍照作"井""龟""土"三个字谜,并以《字谜三首》收入他的诗集后,才有了"谜"字一称。

开始的谜流行于口头说猜,三国时期有人把谜写在纸上贴出来引人来猜。到了南宋,一些文人学士为了显示才学,常在元宵之夜,将谜条贴在纱灯上,吸引过往行人,因之又有了"灯谜"一称。清朝中期后涌现了许多谜师。辛亥革命后,灯谜形成了南宗北派两种风格。中华人民共和国成立后,灯谜活动更加蓬勃发展,谜材谜作日益丰富,为建设社会主义精神文明和活跃群众文化生活做出了巨大的贡献。

灯谜是字谜的一种类型。灯谜一般由三部分组成,即谜面、谜目和谜底,也称灯谜三要素。灯谜利用汉语字词多意的特点,不把谜面作原意解释,从而得出别样的意思,所谓"谜贵别解",别解方成谜。灯谜要求面与底异字,即在灯谜中凡是谜面上有的字,在谜底中不能再出现,否则称为"露春",灯谜是不允许露春的。猜灯谜的方法有几十种,常见的有拆字法、离合法、减损法等。

拆字法:亦称字形分析法,或增损离合法。它利用汉字可以分析拆拼的特点,对谜面或谜底的文字形状、笔画、部首、偏旁进行增损变化或离合归纳,使原来的字形发生变化。这类谜往往虚实结合,须仔细推敲斟酌,才能猜出谜底。

离合法:这是灯谜最常用的猜制手法之一。汉字字形结构复杂,字中有字,可分可合,变化多端。离合法正是利用这种可以分解离析、重新组合萌生新意的特点,来制作灯谜的。

减损法:根据谜面或谜底带有减损意义的字眼所做的提示,从谜面或谜底中减去有关的字或偏旁、部首、笔画,然后使面底相互扣合。

半面法:亦称"一半儿"谜。采用将谜面汉字各撷取一半部分的手法,而后拼成谜底,谜面大多数带有"半"字。如:"柴扉半掩"打"棑"字,这是将"柴扉"二字掩去"此"和"户",由剩下的"木"和"非"组合成"棑"。

方位法:按谜面文字笔画所指之东南西北、上下左右,内外边角等方位,将有关的字、偏旁、部首或笔画作相应处置,缀为底。如:"孔雀东南飞"(打一字),谜底是"孙"。"孔"字的东部"乚"和"雀"字的南部"佳"都"飞"了,剩下"子"和"小"组合成"孙"。这种字谜谜面典雅,技巧自然,废弃和撷取部分无斧凿痕迹。

参差法:利用汉字的笔画位置变更,无须增损,达到你中有我,我中有你,相互参差之目的。如:"易胆大"打鲁迅篇目"明天"。谜面本是剧目名,今将"易"

别解成"交换"，暗示将"胆大"二字的笔画重新装置成"明天"二字。

移位法：依照谜面文字的修饰关系，再移动汉字笔画成谜底。如："国内有点变化"打"主"字，"国内"即"玉"，"有点变化"暗示将"玉"里一点提到顶部变成"主"字。

残缺法：是通过谜面文字残缺组合成谜底。残缺的部位随谜意而定，残缺笔画有多有少，或一笔，或半截，或残边，或残角，灵活运用。如："身残心不残"打"息"字，这是将"身"字残去半截，与"心"字组合成"息"字。

通假法：把谜面中的某个字，变今义作古义解释，亦称"古通"，如以"破晓过河"为面打三字词汇，谜底是"透明度"。由于古时"度"与"渡"相通，故本谜底应看作是"透明渡"（解作'天色透亮时渡河'）以扣合题意。

盈亏法：取文字的笔画，此多一笔，彼少一笔；谜底作巧妙的调整，谜面含义以顺理成章为妥。如"心有余而力不足"打"忍"字。"心"多了一点，"力"少了头上半截，面为成语，盈亏灵巧，扣合浑成。

一字反义法：谜面是一个字，谜底也是一个字，但谜底的单字能拆开以反面的意思烘托谜面。如字"武"打"斐"字（非文），"黑"打"皈"（反白）等。

三、拓展学习

阅读《谜语大全》。

四、学习笔记

汉字演变 妙趣横生

——《日月明》

一、呈现课本（部编小学语文教材一年级上第72页）

二、学习国学

汉字已有数千年的历史,它从开始的记事符号到基本成熟,经历了一个漫长的过程。从简单到复杂,从混乱到统一,汉字的字体几经演变,才形成了如今这富有生命力的、完美的汉字字体。

汉字在历史上出现过甲骨文、金文、篆书、隶书、楷书五种正式字体,以及草书、行书等辅助字体,这七种字体又被称为"汉字七体"。

甲骨文是指通行于殷商时代、刻写在龟甲兽骨上的文字,是我国目前所见的最早的成熟汉字。在六千年前,我们的祖先就会结绳记事。结绳记事起源于旧石器时代后期,结绳只是帮助记忆,是不能够完整记录事情的。上古时期除了结绳记事,还有刻木记事。这些虽然不是真正意义上的文字,但它已具备了文字的某些功能。19世纪七八十年代,河南安阳小屯村的村民发现一些带有刻痕的龟甲、兽骨,当时无人知道这是极有价值的殷商时期的刀刻文字。到了1899年,清代国子监主管官员王懿荣注意到这些刻痕,经过仔细研究,认为这种刻痕是一种比篆书更早的文字。后来,人们把这种文字叫作甲骨文,也叫殷墟文字。

甲骨文单字有四千多个,已经认出的有一千多个,主要记录祭祀、战争、狩猎、农事、气象等内容。甲骨文的字形象形性较强,写法不固定,由细瘦的线条构成,多直笔,拐弯处多是方笔,棱角分明,外形参差不齐,字的大小也不统一。

金文是刻在青铜器上的文字,主要在商周时期使用。因青铜器以钟鼎为多,金文又称钟鼎文,其文辞被称为铭文。金文的字形线条粗壮,早期的部分字形形象性还很明显,西周晚期之后,字形逐渐规整、美观。

篆书有大篆和小篆之分。大篆又有广义和狭义之分。广义的大篆指先秦时期的所有文字,狭义的大篆专指春秋战国时秦国的文字。小篆是秦始皇统一六国后采用的标准字体,字形上比大篆简化了许多,笔画比大篆简单,结构上更加匀称、整齐,线条略带弧形,偏旁也较为固定,减少了异体,字形进一步趋于定型化。小篆以泰山刻石为代表。小篆是汉字第一次规范化的字体,其诞生标志着汉字的统一。

隶书有秦隶、汉隶两种。秦隶是产生于秦代的隶书。汉隶是在秦隶的基础上演变来的,是汉代通行的字体。隶书的诞生在汉字发展史上占重要地位,它是古汉字演变为现代汉字的转折点。隶书变古汉字的曲折线条为方折,变弧形为直线,从而形成点、竖、横、撇、捺等笔画,突破了古代汉字的基本体式,变汉字为扁方形字体。隶书的笔画平直,笔势舒展,使汉字进一步变成纯粹符号性质的文字,大大降低了汉字的繁难程度,奠定了楷书的基础。

楷书是兴于汉末、盛行于魏晋的一种字体。楷书字形方正,笔画规整平直,

26

比隶书更加便于书写和认读。进入南北朝之后,楷书成为占主导地位的字体,一直通行至今。草书包括章草、今草和狂草三种。章草是隶书的草写体,东汉章帝时盛行;今草产生于东汉末;狂草产生于唐代。行书产生于东汉末,一直运用至今。

　　汉字是迄今为止连续使用时间最长的流行文字,也是上古时期各大文字体系中唯一传承至今的文字,中国历代皆以汉字为主要官方文字。作为民族的精神图腾与文化基因,汉字历经千年的传承、演变,从祖先的指尖,流传到我们的心里。

三、拓展学习

　　阅读《汉字会说话》。

四、学习笔记

学习笔记

汉字演变　妙趣横生——《日月明》

辞旧迎新　阖家欢乐

——《春节童谣》

一、呈现课本（部编小学语文教材一年级上第114页）

chūn jié tóng yáo
春节童谣

xiǎo hái xiǎo hái nǐ bié chán
小孩小孩你别馋，
guó le là bā jiù shì nián
过了腊八就是年。
là bā zhōu hē jǐ tiān
腊八粥，喝几天，
lī lī la la èr shí sān
哩哩啦啦二十三。
èr shí sān táng guā zhān
二十三，糖瓜粘。
èr shí sì sǎo fáng zi
二十四，扫房子
èr shí wǔ mò dòu fu
二十五，磨豆腐
èr shí liù qù mǎi ròu
二十六，去买肉
èr shí qī zǎi gōng jī
二十七，宰公鸡
èr shí bā bǎ miàn fā
二十八，把面发
èr shí jiǔ zhēng mán tou
二十九，蒸馒头
sān shí wǎn shang áo yì xiǔ
三十晚上熬一宿，
chū yī chū èr mǎn jiē zǒu
初一初二满街走。

二、学习国学

农历新年,是中国人民最隆重的传统节日,也是象征着团结、兴旺,对未来寄托新的希望的佳节。

春节为一年之始,民间俗称"过年"。关于春节的起源有多种说法,其中被普遍接受的说法是春节由虞舜时期兴起。舜即天子位后,带领着部下人员,祭拜天地。从此,人们就把这一天当作岁首。据说这就是农历新年的由来,后来叫春节。但是,中国历代元旦的日期并不一致。夏朝用孟春的元月为正月,商朝用腊月(十二月)为正月。秦始皇统一中国后,以孟冬之月为正月。到汉武帝时,司马迁以夏历为基础编写《太初历》,以孟春之月,即一年的第一个月为正月。自汉朝到清末一直采用夏朝的定岁制。所以,人们至今还把阴历称作夏历,也称它为农历或旧历。1911年,中国开始采用公历,每年以公历1月1日为新年元旦。为了区别农历和阳历,人们就只称农历正月初一为春节,而不再别称元旦了。

传统意义上的春节指从腊月初八的腊祭或腊月二十三或二十四的祭灶,一直到正月十五,其中以除夕和正月初一为高潮。在我国大江南北的城镇乡村,一般腊月过半,就开始有年终的气息了,人们开始筹办"迎春"的年货。各地年前的市场上熙熙攘攘,热闹非凡。年货店摊上,吃的、穿的、用的,玩的,琳琅满目,有打上红戳的年糕,有年画春联、烟花爆竹、灯笼香烛等喜庆用品。有一首歌唱年终的民谣:二十三,糖瓜粘;二十四,扫房子;二十五,磨豆腐;二十六,去买肉;二十七,宰公鸡;二十八,把面发;二十九,蒸馒头;三十晚上熬一宿;初一初二满街走。歌词描绘了人们在年终的忙碌情形。内容与此相似的民谣,在中国各地方普遍流行。

(一)扫尘

"腊月二十四,掸尘扫房子。"扫尘就是年终大扫除,北方称"扫房",南方叫"掸尘"。在春节前扫尘,是我国人民的传统习惯。"尘"与"陈"谐音,新春扫尘有"除陈布新"的含义,其用意是把一切穷运、晦气统统扫出门。每逢春节来临,家家户户都要打扫房子,清洗各种器具,拆洗被褥窗帘,到处洋溢着欢欢喜喜搞卫生、干干净净迎新春的欢乐气氛。

(二)贴春联

贴春联是我国民间过春节的一个重要习俗。春联也叫门对、春贴、对联、对子、桃符等,多用大红纸书写,以工整、对偶、简洁、精巧的文字描绘时代背景,抒发美好愿望,是中国特有的文学形式。每逢春节,无论城市还是农村,家家户户都要精选一幅大红春联贴于门上,为节日增加喜庆气氛。

（三）吃年夜饭

年三十晚上，习惯称为除夕，是农历全年最后的一个晚上。吃年夜饭，是春节家家户户最热闹愉快的时候。阖家团聚，围坐桌旁，既享受满桌的佳肴盛馔，也享受那份快乐的气氛。年夜饭一般少不了鱼，因为鱼谐音"余"，象征"吉庆有余"，也喻示年年有余。

（四）守岁

守岁的习俗，既包含对如水逝去的岁月的惜别留恋之情，又有对新年寄以美好希望之意。当午夜交正子时，新年钟声敲响，整个中华大地上空爆竹声震响天宇。在这"岁之元、月之元、时之元"的"三元"时刻，有的地方还在庭院里垒"旺火"，以示旺气通天，兴隆繁盛。在熊熊燃烧的旺火周围，孩子们放爆竹，欢乐地蹦跳。历代的文人墨客总是以最美好的诗句，赞颂新年的来临。王安石的《元日》描写了这一场景："爆竹声中一岁除，春风送暖入屠苏。千门万户瞳瞳日，总把新桃换旧符。"

三、拓展学习

阅读《传统节日》。

四、学习笔记

赵钱孙李　周吴郑王

——《姓氏歌》

一、呈现课本（部编小学语文教材一年级下第4页）

②　姓氏歌

你姓什么？我姓李。

什么李？木子李。

他姓什么？他姓张。

什么张？弓长张。

古月胡，口天吴，

双人徐，言午许。

中国姓氏有很多，

赵、钱、孙、李，

周、吴、郑、王，

诸葛、东方，

上官、欧阳……

本文由人民教育出版社小学语文室编写。

4

二、学习国学

我们每个人都有姓名,中国有一本书叫《百家姓》,几乎我们每个人的姓都在上面。《百家姓》是一本关于中文姓氏的书,成书于北宋初。原收集姓氏411个,后增补到504个,其中单姓444个,复姓60个。《百家姓》是一本小学启蒙教材,也是一本记录百家姓氏起源的书籍。下面介绍几种百家姓的分类。

以祖先的图腾崇拜物为姓氏,如:熊、马、牛、羊、龙、凤、山、水、花、叶等。

以祖先名字中的字为姓氏。上古时代,黄帝以"力牧"为相,力牧的后人以"牧"为姓氏;黄帝曾以"常先"为相,他的后人以"常"为姓氏。春秋时期,周灵王有个儿子叫"王子年夫","年夫"是其名,"王子"则表明其身份,年夫的后人以其名中的"年"字为姓氏;宋襄公的弟弟叫"司马子鱼",司马是官职,子鱼是字。其后人以"鱼"为姓氏;虞国有个大夫叫井伯,他的后人就以"井"为姓氏。

以封地名和国名为姓氏。周武王封钟雍的曾孙于吴(今江苏苏州一带),建立吴国,其后代以国名为姓氏。周公旦的第三个儿子伯龄被封于蒋(今河南固始县东北蒋集),建立蒋国,其后以国名为姓。周文王的儿子贿受封于深(今河南平舆县北),建立沈国,其后以国名为姓。

以职业或官职为姓氏。"司徒"是上古时代的官名,传说为尧、舜时期设立,一直延续到秦汉,有的人以此官职为姓。"卜"起源于上古时代的职业巫师,与"巫"姓相似。以山名、河名为姓氏。黄帝死后,葬于桥山,黄帝的子孙中有守陵的人,就以"桥"为姓氏,后人去木为"乔"。

以住地的方位为姓氏。春秋时期,齐国和郑国都有公族大夫住在都城的西门附近,人称西门氏,其后便有人以西门为姓氏。

以部落的名称为姓氏。尉迟部是鲜卑族的一个部落,尉迟部的人后来以部落名为姓氏;万俟本为鲜卑族部落名东晋时,万俟部落进入中原,以部落名为姓氏。

以出生时的异象为姓氏。传说周平王的儿子出生时,掌纹呈篆文"武"。由此,周平王赐其姓为武。

以谥号为姓氏。春秋时期有位宋穆公,他的子孙有的以"穆"为姓氏。周公旦之弟叔封地于卫,其死后谥号为"康",因此又称卫康叔,他的儿子有的以其谥号为姓氏。

因避祸、避仇所改的姓氏。汉代炅横有四个儿子,因家中有难,四个儿子逃亡,其中一个避居到幽州,改姓为桂。明代燕王朱棣以讨黄子澄等为名起兵,推翻建文帝。黄子澄的后人因避祸而改姓田。

由于汉字有许多多音字一些姓氏很容易被读错。如"万俟"应该读作 Mò qí,"区"作为姓氏应该读作 ōu,"黑"作为姓氏应该读作 hè。

《百家姓》选读：

赵钱孙李　周吴郑王　冯陈褚卫　蒋沈韩杨
朱秦尤许　何吕施张　孔曹严华　金魏陶姜
戚谢邹喻　柏水窦章　云苏潘葛　奚范彭郎
鲁韦昌马　苗凤花方　俞任袁柳　酆鲍史唐
费廉岑薛　雷贺倪汤　滕殷罗毕　郝邬安常
乐于时傅　皮卞齐康　伍余元卜　顾孟平黄
和穆萧尹　姚邵湛汪　祁毛禹狄　米贝明臧
计伏成戴　谈宋茅庞　熊纪舒屈　项祝董梁
杜阮蓝闵　席季麻强　贾路娄危　江童颜郭
梅盛林刁　钟徐邱骆　高夏蔡田　樊胡凌霍

三、拓展学习

阅读《百家姓》。

四、学习笔记

学习笔记

赵钱孙李　周吴郑王——《姓氏歌》

留在田园 留住诗情

——《春晓》

一、呈现课本（部编小学语文教材一年级下第27页）

chūn xiāo

春 晓

táng mèng hào rán

〔唐〕孟浩然

chūn mián bù jué xiǎo
春眠不觉晓，
chù chù wén tí niǎo
处处闻啼鸟。
yè lái fēng yǔ shēng
夜来风雨声，
huā luò zhī duō shǎo
花落知多少。

27

二、学习国学

唐代是我国古典诗歌发展的全盛时期。唐诗是我国优秀的文学遗产之一，也是世界文学宝库中的一颗灿烂的明珠。

唐诗的发展，经历了初唐、盛唐、中唐、晚唐四个时期。初唐时期是从唐朝建立到玄宗开元元年，共94年。这是唐诗繁荣的准备时期，著名诗人有被称为"初唐四杰"的王勃、杨炯、卢照邻、骆宾王，还有陈子昂、张若虚、宋之问等。唐朝建立初期,诗歌柔靡纤弱,毫无生气。"初唐四杰"一改这种风格,用诗歌抒发愤激不平之气和壮烈的抱负,拓宽了诗歌的题材。陈子昂胸怀大志,推崇汉魏风骨,写下《登幽州台歌》等诗作。

盛唐时期是从玄宗开元元年到代宗即位,共50年。这一时期出现了两大诗歌流派:山水田园诗派"和"边塞诗派"。

山水田园诗描绘自然山水和田园风光,表现返璞归真、怡情养性的情趣,抒写隐逸生活的闲情逸致。诗歌清新自然,意境淡远闲适,写景状物工致传神,表现诗人追求平和宁静与优雅高尚的审美情趣。山水田园诗派的代表诗人有王维、孟浩然等。王维,字摩诘,号摩诘居士,有"诗佛"之称,精通诗、书、画、音乐等。他受佛教思想影响,厌倦官僚生活,热爱自然,熟悉乡村,他的诗恬静闲适,具有一种静态美。苏轼称赞他:"味摩诘之诗,诗中有画;观摩诘之画,画中有诗。"他的代表作有《山居秋暝》《竹里馆》等。孟浩然,名浩,字浩然。孟浩然的诗歌清淡自然,主要表达隐居闲适之情和羁旅愁思,代表作有《望洞庭湖赠张丞相》《过故人庄》。

边塞诗派有的描写战争与战场,表现将士保家卫国的英勇精神;有的描写雄浑壮美的边塞风光和奇异的风土人情;有的描写战争的残酷、军中的黑暗、征戍的艰辛,表达对和平的向往与情怀。边塞诗派的代表诗人有高适、岑参、王昌龄、李颀等。高适的诗题材广泛,内容丰富,现实性较强,其章法多变、形象鲜明、境地开阔,以乐府歌行和雄放风格著称。他的代表作有《燕歌行》《塞上》等。岑参的边塞诗既歌颂唐军的勇武和战功,也揭示了战争的残酷和悲惨,具有雄奇瑰丽的浪漫色彩,代表作有《走马川行奉送封大夫出师西征》《白雪歌送武判官归京》等。

李白和杜甫是盛唐时期的两位伟大的诗人。李白,字太白,号青莲居士,伟大的浪漫主义诗人,后世尊称他为"诗仙"。他的诗风豪放飘逸,想象丰富,语言流转自然,音律和谐多变。他善于从民歌、神话中汲取营养素材,构成其特有的瑰丽绚烂的色彩,是屈原以来积极浪漫主义诗歌的新高峰。他的代表作有《蜀道难》《行路难》《梦游天姥吟留别》《将进酒》等。杜甫,字子美,自号少陵野老,伟大的现实主义诗人,被后世尊称为"诗圣",他的诗也被称为"诗史"。杜甫生活在唐朝由盛转衰的历史时期,他的诗反映当时社会矛盾和人民疾苦,记录了唐代由盛转衰的历史巨变,表达了崇高的儒家仁爱精神和强烈的忧患意识他忧国忧民。他的代表作有"三吏"(《石壕吏》《新安吏》《潼关吏》)"三别"(《新婚别》《无家别》《垂老别》)。

唐代中后期,唐朝的鼎盛期已过,但诗歌创作仍未衰竭,先后出现了韩愈、柳宗元、李贺、白居易、刘禹锡、杜牧、李商隐、温庭筠等风格不一的杰出诗人。他们的诗从不同角度反映了唐朝走向衰落过程中的危机和民间苦难。中唐时期,白居易写出伤感苍凉的《长恨歌》《琵琶行》,韩愈写出狠重粗豪的《石鼓歌》《陆浑山火》。晚唐时期,杜牧的咏史诗注入了深沉的历史感慨,李商隐的《锦瑟》《无题》等朦胧诗则深入心灵世界,幽深窈渺,形成凄艳浑融的风格。

唐诗是中国文学的一代之盛,它以刚健的风骨、玲珑的兴象、铿锵的韵律全面而深入地反映了唐代的社会生活。唐诗的价值是永恒的,品读唐诗,我们就像进入了诗人的世界,体会诗人的情怀,触摸诗人的心灵。下面我们一起欣赏孟浩然的《过故人庄》。

过故人庄

故人具鸡黍,邀我至田家。绿树村边合,青山郭外斜。

开轩面场圃,把酒话桑麻。待到重阳日,还来就菊花。

译文:老朋友预备丰盛的饭菜,邀请我到他的农家。翠绿的树林围绕着村落,苍青的山峦在城外横卧。推开窗户面对谷场菜园,手举酒杯闲谈庄稼情况。等到九九重阳节到来时,再请君来这里观赏菊花。

三、拓展学习

阅读《唐诗三百首》。

四、学习笔记

百善孝为先　孝从顺字起

——《胖乎乎的小手》

一、呈现课本（部编小学语文教材一年级下第41页）

pàng hū hū de xiǎo shǒu
胖乎乎的小手

quán jiā rén dōu xǐ huan lán lan huà de zhè zhāng huà
全家人都喜欢兰兰画的这张画。

bà ba gāng xià bān huí lái　　ná qǐ huà　　kàn le yòu kàn
爸爸刚下班回来，拿起画，看了又看，

bǎ huà tiē zài le qiáng shàng　　lán lan bù míng bai　wèn　　wǒ zhǐ
把画贴在了墙上。兰兰不明白，问："我只

shì huà le zì jǐ de xiǎo shǒu wa　　wǒ yǒu nà me duō huà　　nín wèi
是画了自己的小手哇！我有那么多画，您为

shén me zhǐ tiē zhè yī zhāng ne
什么只贴这一张呢？"

bà ba shuō　　zhè pàng hū hū de xiǎo
爸爸说："这胖乎乎的小

shǒu tì wǒ ná guo tuō xié ya
手替我拿过拖鞋呀！"

mā ma xià bān huí lái　　kàn jiàn
妈妈下班回来，看见

huà　xiào zhe shuō　　zhè pàng hū hū de xiǎo
画，笑着说："这胖乎乎的小

shǒu gěi wǒ xǐ guo shǒu juàn na
手给我洗过手绢哪！"

lǎo lao cóng chú fáng chū lái　　yì yǎn
姥姥从厨房出来，一眼

jiù kàn jiàn le huà shàng hóng rùn rùn de xiǎo
就看见了画上红润润的小

shǒu　shuō　　zhè pàng hū hū de xiǎo shǒu bāng
手，说："这胖乎乎的小手帮

wǒ náo guo yǎng yang a
我挠过痒痒啊！"

lán lan míng bai le quán jiā rén wèi shén
兰兰明白了全家人为什

me dōu xǐ huan zhè zhāng huà　　tā gāo xìng de
么都喜欢这张画。她高兴地

shuō　　děng wǒ zhǎng dà le　xiǎo shǒu biàn chéng
说："等我长大了，小手变成

le dà shǒu　　tā huì bāng nǐ men zuò gèng duō
了大手，它会帮你们做更多

de shì qing
的事情！"

二、学习国学

中国的孝文化历史久远，蕴含着丰富的伦理智慧，在中国传统文化中占据着重要地位，其广泛的文化综合意义和社会价值，不仅在古代社会发展中起到长久的作用，而且至今仍具有重要的现实意义。

古人认为人和动物最根本的不同，就是人懂得忠孝的道义。孝道涉及哪些方面呢？从文字学的角度看，"孝"字上面是老人，下面是小孩，有些像小孩子搀扶老人走路的样子,东汉许慎解说为"善事父母者"就是孝。古人的"孝"观实际上就是要尊重自己的长辈,同时侍奉供养自己的亲人。孔子认为,孝顺父母,友爱兄弟,是仁德之本。对待父母,当"生事之以礼,死葬之以礼,祭之以礼",即父母在世时,我们要以礼来侍奉他们,父母死后要以礼来安葬他们,安葬以后还要按照礼来祭祀他们。孝顺当是发自内心的真爱,不仅语言要和气,面色要和悦,行为要恭敬,还要做到尽心竭力。

在古代,养老是一种美德,孝子贤孙是人人敬重的。养老其实在上古时期就出现了。古人为何如此敬重老年人呢?首先,老年人在社会上的阅历和经验极为丰富,经过岁月的洗礼,老年人的知识和技术不可小觑,这些老年人因此在社会上有了一定的地位,他们对晚辈们进行栽培,因而有了很多的门人,一些君主在制定安邦的策略时,就会想到这些老年人,因此就有了尊老,而尊老的关键就是要供养老人。

夏代的时候供养老人就有很正规的地方了,叫"东西序",为什么有东西之分的呢?实际上,老人也是分等级的,对国家做出极大贡献的称为国老,在东序养老,其余的成为庶老,在"西序"养老。商朝供养老人的地方叫作"左右学",左学养国老,右学养庶老。到了周代,50岁的老人要养在"乡",60岁以上的老人养在诸侯国中。到了明代,"养老院"依然存在,主要收养"孤老",延续敬老的传统。

养老只是敬老的第一步,真正形成敬老制度是在西周。为了照顾这些老人,专门设立了一个"掌老"的官职,可见国家对敬老这件事的重视程度。后来还规定了对"三老五更"的礼仪,所谓三老就是国老,五更就是庶老。据史书记载,东汉明帝有一次率领群臣在太学迎接三老五更,当时三老五更的代表分别是李躬和桓荣,李躬和桓荣穿戴一新,李躬还拿着玉杖。明帝在太学门前亲自躬身相迎,然后亲手为李躬摆桌子。到了唐代,皇帝需要在中秋这天,在太学行三老五更的礼仪。皇帝尚且如此弘扬敬老,更不用说民间百姓了。

历史悠久、源远流长的中国传统文化中关于孝文化和敬老养老的民情习俗和经史典籍,是一个重要的精神宝库。留存至今的儒家经典《孝经》是儒学十三经中的一经,专门探讨孝道和以孝治国的种种思想的理论体系,由此而展衍出中国传统文化中孝文化的丰厚内涵,而孝文化理念的延伸与社会实践又形成了我国从古至今的敬老养老的优良传统与风俗习惯。《孝经》不仅仅提出了孝道和孝治的基本原则,而且还对人之子的行为细则做出明文规定。《孝经》除了要求晚辈或臣下善事君上亲老之外,也对被尊敬的一方有所规范和约束。我国古代民间还有不少关于敬养老人的良好习俗,这是孝文化对民情习俗的渗透而形成的优良传统。九月九日是传统的重阳佳节,百姓登高赏菊,佩茱萸,特别要向老年人敬献菊花酒以表达对老人的尊敬。

　　古人云:"父母者,人之本也。"父母不仅给了我们生命,更将我们培着成才、在人生的道路上为我们遮风挡雨、披荆斩棘。因此,我们一定要善待孝敬自己的父母,在平时多注意从身边小事做起,从一点一滴做起,尽到我们对父母的孝敬之心。

三、拓展学习

　　阅读《孝经》。

四、学习笔记

百善孝为先　孝从顺字起——《胖乎乎的小手》

青莲居士　诗之龙脉

——《静夜思》

一、呈现课本(部编小学语文教材一年级下第 43 页)

二、学习国学

李白我国古代伟大的浪漫主义诗人。千年以来,其诗传诵不衰,遍及五洲,成为世界人民的宝贵遗产。

李白,字太白,号青莲居士,祖籍陇西成纪(今甘肃天水市),出生于中亚碎叶(在今吉尔吉斯斯坦共和国境内)。25 岁出川漫游,足迹遍布半个中国。42 岁,经道士吴筠等人荐举,入京供奉翰林,不足三年,被赐金放还,漫游各地。安史之乱时,隐居庐山,应邀跟随永王,永王事败,李白被流放夜郎,行至巫山遇赦折返。

三年后,病逝于当涂(今安徽当涂县)。

李白生活在盛唐时期,追求功名、漫游山水和求仙学道伴随他的一生。他性格豪迈,热爱祖国山河,游踪遍及南北各地,写出大量赞美名山大川的壮丽诗篇。他的诗,既豪迈奔放,又清新飘逸,而且想象丰富,意境奇妙,语言轻快,人们称他为"诗仙"。他的诗歌不仅具有典型的浪漫主义精神,而且从形象塑造、素材摄取、到体裁选择和各种艺术手法的运用,无不具有典型的浪漫主义艺术特征。

李白的山水诗突破了中国传统山水诗的格局,充满雄奇壮美的色彩和磅礴的气势,具有强烈自我表现的主观色彩。他喜欢采用雄奇的形象表现自我,在诗中毫不掩饰、也不加节制地抒发感情,表现他的喜怒哀乐。他的诗表现出他豪放不羁的性格和倜傥不群的形象。

豪放是李白诗歌的主要特征。除了思想性格、才情遭际等因素外,李白的诗歌采用的艺术表现手法和体裁结构也是形成他豪放飘逸风格的重要原因。他善于凭借想象,以主观现客观是李白诗人诗歌浪漫主义艺术手法的重要特征。他现实事物、自然景观、神话传说、历史典故、梦中幻境,无不成为他想象的媒介。常借助想象,超越时空,以理想化、狂想化和个性化手法再现了大自然的雄伟形象,将现实与梦境、仙境,把自然界与人类社会交织一起,再现客观现实。他笔下的形象不是客观现实的直接反映,而是其内心主观世界的外化,是艺术的真实。

下面我们欣赏几首李白的诗歌。

古朗月行

(唐)李白

小时不识月,呼作白玉盘。

又疑瑶台镜,飞在青云端。

仙人垂两足,桂树何团团。

白兔捣药成,问言与谁餐?

蟾蜍蚀圆影,大明夜已残。

羿昔落九乌,天人清且安。

阴精此沦惑,去去不足观。

忧来其如何?凄怆摧心肝。

译文:小时候不认识月亮,把它称为白玉盘。又怀疑是瑶台仙境,飞在夜空青云之上。月中的仙人是垂着双脚吗?月中的桂树为什么长得圆圆的?白兔捣成的仙药,到底是给谁吃的呢?蟾蜍把圆月啃食得残缺不全,皎洁的月儿因此晦暗不明。后羿射下了九个太阳,天上人间免却灾难,清明安宁。月亮已经沦没而迷惑不清,没有什么可看的,不如远远走开吧。心怀忧虑啊又何忍一走了之,凄惨悲伤让我肝肠寸断。

望庐山瀑布

(唐)李白

日照香炉生紫烟,遥看瀑布挂前川。

飞流直下三千尺,疑是银河落九天。

译文:香炉峰在阳光的照射下生起紫色烟霞,远远望见瀑布似白色绢绸悬挂在山前。高崖上飞腾直落的瀑布好像有几千尺,让人恍惚以为银河从天上泻落到人间。

三、拓展学习

阅读《李白诗集》。

四、学习笔记

学习笔记

艾草青青　情意绵绵

——《端午粽》

一、呈现课本（部编小学语文教材一年级下第46页）

duān wǔ zòng
⑩ 端午粽

yí dào duān wǔ jié　　 wài pó zǒng huì zhǔ hǎo yì guō zòng zi
一到端午节，外婆总会煮好一锅粽子，
pàn zhe wǒ men huí qù
盼着我们回去。
　　 zòng zi shì yòng qīng qīng de ruò zhú yè bāo de　　 lǐ miàn guǒ
　　粽子是用青青的箬竹叶包的，里面裹
zhe bái bái de nuò mǐ　 zhōng jiān yǒu yì kē hóng hóng de zǎo　 wài
着白白的糯米，中间有一颗红红的枣。外
pó yì xiān kāi guō gài　 zhǔ shú de zòng zi jiù piāo chū yì gǔ qīng
婆一掀开锅盖，煮熟的粽子就飘出一股清
xiāng lái　 bāo kāi zòng yè　 yǎo yì kǒu zòng zi　 zhēn shì yòu nián
香来。剥开粽叶，咬一口粽子，真是又黏
yòu tián
又甜。
　　 wài pó bāo de zòng zi shí fēn hǎo chī　　 huā yàng yě duō
　　外婆包的粽子十分好吃，花样也多。
chú le hóng zǎo zòng　 hái yǒu hóng dòu zòng hé xiān ròu zòng　 wǒ men
除了红枣粽，还有红豆粽和鲜肉粽。我们
zài wài pó jiā měi zī zī de chī le zhī hòu　　 wài pó hái huì zhuāng
在外婆家美滋滋地吃了之后，外婆还会装
yì xiǎo lán zòng zi yào wǒ men dài huí qù　　 fēn gěi lín jū chī
一小篮粽子要我们带回去，分给邻居吃。
　　 zhǎng dà le wǒ cái zhī dào　 rén men duān wǔ jié chī zòng
　　长大了我才知道，人们端午节吃粽
zi　 jù shuō shì wèi le jì niàn ài guó shī rén qū yuán
子，据说是为了纪念爱国诗人屈原。

二、学习国学

端午节是中国的传统节日，为每年农历五月初五日，又称端阳节、午日节、五月节，与春节、清明节、中秋节并称为中族的四大传统节日。端午节于 2006 年 5 月 20 日被列入第一批国家级非物质文化遗产名录，2008 年被确立为国家法定节假日。

有关端午节起源的传说有很多，比如纪念屈原说、纪念伍子胥说、纪念曹娥说等。大家熟知的是纪念屈原说。屈原，是春秋时期楚国的三闾大夫。当时，楚国面临秦国威胁，危在旦夕。屈原向楚怀王进言"联齐抗秦"，楚怀王谨慎接受，与齐国结成齐楚联盟，对抗秦国。秦国宰相张仪决定破坏齐楚联盟，于是辞去宰相职位，前往楚国游说楚怀王。楚怀王在张仪的蛊惑下很快抛弃了屈原的主张，并将屈原流放到沅、湘流域。不久，秦国大军顺利进入楚国京城。屈原看到国要破、家将亡，奋笔疾书绝命诗《怀沙》，于农历五月五日，抱石投汨罗江而死。后世人们感念屈原的爱国精神，就在五月五日这天过端午节纪念他。

端午节的习俗丰富多彩，有赛龙舟、吃粽子、点雄黄酒、佩戴五彩绳和香包等。

赛龙舟也叫龙舟竞渡，相传起源于古时楚国人因舍不得贤臣屈原投江死去，许多人想划船追赶拯救。也有人认为划龙舟是为了驱散江中之鱼，以免鱼吃掉屈原的身体，之后每年五月五日划龙舟来纪念他。赛龙舟的习俗广泛流行于长江中下游和西南少数民族地区，是一项讲求团体合作的体育运动，在 2010 年亚运会被列入比赛项目。赛龙舟不只是一项体育竞技项目，它寄托着人们对于美好生活的希冀。龙船竞渡前，先要请龙、祭神。如广东龙舟，在端午前要从水下起出，祭过在南海神庙中的南海神后，安上龙头、龙尾，再准备竞渡。闽、台则往妈祖庙祭拜。赛龙舟前会举行各种祭祀、纪念仪式，祈求农业丰收、风调雨顺、去邪祟、攘灾异、事事如意，也保佑划船平安。

包粽子、吃粽子。粽子又叫"角黍""筒粽"，不同的地区名字不同，样式也是不尽相同，但是吃粽子的时间一直是每年农历五月初五。粽子的起源据说与纪念屈原有关。相传屈原投汨罗江后，百姓为保其尸体不被鱼虾所食，用艾叶包裹米粮，再绑以五色绳，以供水族食用。现在的粽子有南北之分。南北粽子有很多区别。首先，粽叶不同。南粽用箬叶，箬叶宽，适合初学者包粽子；北棕用芦苇叶，芦苇叶窄，需要几片包一个粽子。其次，馅料不同。南粽以广东为代表，特点是个头大，外形别致，除鲜肉粽、豆沙粽外，还有用咸蛋黄做成的蛋黄粽，以及用鸡肉丁、鸭肉丁、叉烧肉、冬菇、绿豆蓉等调配为馅料的什锦粽。北粽以北京为代表，它的特点是个头较小，为斜四角形。

点雄黄酒。雄黄是一种矿物质,俗称"鸡冠石"。一般饮用的雄黄酒,只是在白酒或自酿的黄酒里加入微量雄黄而成。雄黄酒有杀菌驱虫解五毒的功效。端午节这天,人们把雄黄倒入酒中饮用,并把雄黄酒涂在小孩儿的耳、鼻、额头、手、足等地方,希望能使孩子不受蛇虫的伤害。

佩戴五彩绳和香包。五彩绳,也称五彩缕,是用红、黄、蓝、白、黑五种颜色的彩线拧成的一股绳。端午日,将五彩绳拴在小孩的手腕、脚腕、脖颈上,据说可以辟邪、禳灾。香包,也称香囊、荷包。它是用彩线在彩绸上绣制出各种吉祥图案,缝制成形状各异、大小不一的囊包,里面装着用白芷、川芎、芩草、排草等中草药制成的香料。小孩佩戴香包可以防蚊虫叮咬。

端午节还有很多其他习俗,比如把蝎子、蛇、壁虎、蜈蚣、蟾蜍这五种毒物绘在黄纸上,制成五毒图挂在门首,辟邪祛祟。与五毒相克的是天中五瑞,即菖蒲、艾蒿叶、石榴花、蒜头、龙船花,五瑞之首是菖蒲,把菖蒲刻成剑形悬于门楣上辟邪。此外,端午节还有射柳、打马球、射粉团等游戏。

端午节寄托了人们迎祥纳福、辟邪除灾的愿望,是中华传统文化的重要组成部分。

三、拓展学习

四、学习笔记

艾草青青　情意绵绵——《端午粽》

念念绕口令　练练发准音

——《妞妞赶牛》

一、呈现课本（部编小学语文教材一年级下第 53 页）

niū niu gǎn niú
妞妞赶牛

niū niu gǎn niú hé biān zǒu
妞妞赶牛河边走，
niú niu yào chī hé biān liǔ
牛牛要吃河边柳，
niū niu hù liǔ niǔ niú zǒu
妞妞护柳扭牛走，
niú niu niǔ tóu dǐng niū niu
牛牛扭头顶妞妞，
niū niu niǔ bú guò niú niu
妞妞拗不过牛牛，
dī tóu jiǎn shí tou
低头捡石头，
xià de niú niu niǔ tóu zǒu
吓得牛牛扭头走。

53

二、学习国学

绕口令是一种中国传统的语言游戏,将声母、韵母或声调极易混同的字,组成反复、重叠、绕口、拗口的句子,要求快速念出,所以读起来使人感到节奏感强,妙趣横生。

绕口令的起源可以追寻到五千多年前的黄帝时代。古籍中的《弹歌》,"断竹,续竹,飞土",相传为黄帝时所作。据考证,这是比较接近原始形态的歌谣,其中,已经有了绕口令的基本成分——双声叠韵词。由此推想,很可能在文字出现以前,绕口令就已经萌动于中国劳动人民的口头语言之中了。

随着语言文字的形成和发展,我们的祖先越来越注意汉字字音前后各部分的异同现象,发现了越来越多的双声叠韵词。这些双声叠韵的关系,处理不好很容易缠绕混淆,处理好了又可以产生不同凡响的音韵美。这使得一些人想到寻找规律,练习发音,训练口头表达。于是,他们开始有意识地把一些声韵相同的字组合在一起,连续成句子,教人念、诵。一些音韵响亮而又不容易念对的有趣句子,经过人们耳口相传,流传开来。在流传过程中,人们又不断修改、加工、充实、完善,形成一首首幽默诙谐的歌谣,更加妙趣横生。

绕口令在民众中日渐流传,一些文人开始注意这一通俗的文艺形式。楚国文人宋玉就曾把双声叠韵的词汇引进了诗歌创作的殿堂,长篇诗《九辩》就是他的代表作。始终大量采用声韵相通的词,使语句音节错综变化,读起来音韵和谐,情味悠长。一些文人还在喝茶饮酒的时候,即兴编上句当作酒令。中国民间流传的绕口令保持和发扬了通俗浅显的特点,并且越来越完善,后来被搜集整理形成书册,比如《北京儿歌》《玲珑塔》等。

随着时代的发展,绕口令的内容也会发生明显的变化。比如 20 世纪 60 年代流传的绕口令《赔钵钵》:"你婆婆借给我婆婆一个钵钵,我婆婆打烂了你婆婆的钵钵。我婆婆买来一个钵钵,还给你婆婆。你婆婆说什么也不要我婆婆赔钵钵,我婆婆硬要把买来的钵钵还给你婆婆。"就反映了 60 年代人与人之间的关系。

传统的绕口令,多只注重字句的谐音,而忽视它的思想内容。现在的中国民间文艺工作者在创作绕口令时,注入了新的时代气息,有的具有益智助思的作用,如《数狮子》:"公园有四排石狮子,每排是十四只大石狮子,每只大石狮子背上是一只小石狮子,每只大石狮子脚边是四只小石狮子,史老师领四十四个学生去数石狮子,你说共数出多少只大石狮子和多少只小石狮子?"

下面我们欣赏几首绕口令:

板凳与扁担	鹅过河
板凳宽,扁担长。	哥哥弟弟坡前坐,
扁担没有板凳宽,	坡上卧着一只鹅,
板凳没有扁担长。	坡下流着一条河,
扁担要绑在板凳上,	哥哥说:宽宽的河,
板凳不让扁担绑在板凳上,	弟弟说:白白的鹅。
扁担偏要扁担绑在板凳上。	鹅要过河,
板凳偏不让扁担绑在板凳上。	河要渡鹅。
你说最后扁担到底绑没绑在板凳上。	不知是鹅过河,
	还是河渡鹅。

三、拓展学习

阅读《绕口令》。

四、学习笔记

学习笔记

从小做起　学做真人

——《人之初》

rén zhǐ chū
⑧ 人之初

rén zhǐ chū　　xìng běn shàn
人之初，性本善，
xìng xiāng jìn　　xí xiāng yuǎn
性相近，习相远。
gǒu bù jiào　　xìng nǎi qiān
苟不教，性乃迁，
jiào zhǐ dào　　guì yǐ zhuān
教之道，贵以专。

zǐ bù xué　　fēi suǒ yí
子不学，非所宜，
yòu bù xué　　lǎo hé wéi
幼不学，老何为？
yù bù zhuó　　bù chéng qì
玉不琢，不成器，
rén bù xué　　bù zhī yì
人不学，不知义。

二、学习国学

在中国古代经典中，《三字经》是最浅显易懂的读本之一。《三字经》取材典范，包括中国传统文化的文学、历史、哲学、天文地理、人伦义理、忠孝节义等。在格式上，三字一句，短小精悍，朗朗上口，与《百家姓》《千字文》并称为中国传统蒙学三大读物，合称"三百千"。

《三字经》的内容分为六部分，依次为教育和学习对儿童成长的重要性，儿童要懂礼仪、孝敬父母、尊敬兄长，生活中的名物常识，中国古代的重要典籍和儿童读书的程序，从三皇至清代的朝代变革，要勤奋刻苦、孜孜不倦地学习以报效国家的道理。《三字经》内容的排列极有章法，体现了作者的教育思想。

《三字经》选读如下：

1. 人之初,性本善。性相近,习相远。

译:每个人刚降生的时候,天性本是善良的,性情也都差不多。只是后来每个人成长环境的不同,才使得性情有了好与坏的差别。

2. 苟不教,性乃迁。教之道,贵以专。

译:孩子如果从小得不到良好的教育,善良的本性就会改变。在教育的过程中,最重要的就是师长要专心致志地教育孩子,孩子也应该专心致志地学习。

3. 昔孟母,择邻处。子不学,断机杼。

译:战国时期,孟子的母亲为了给孟子创造一个良好的学习环境,曾经三次搬家。孟子刚开始上学时很不用功,经常逃学回家,孟子的母亲就生气地剪断了织布机上的布,以此来教育孟子学习不可半途而废。

4. 窦燕山,有义方。教五子,名俱扬。

译:五代时期,燕山有个叫窦禹钧的人,教育孩子很有方法。他教导的五个儿子都考中了科举,当了大官,成为国家的栋梁之材。"五子登科"这个成语就是由此而来。

5. 养不教,父之过。教不严,师之惰。

译:生养儿女仅仅是供养他们吃和穿,却没有给予他们良好的教育,这是做父母的过错;对学生只是教育,而不严格要求,这是做老师的懈怠失职。

6. 子不学,非所宜。幼不学,老何为。

译:人小的时候不好好学习,这是很不应该的。 倘若小的时候不好好学习,到年龄大的时候既不懂做人的道理,又没有知识,能有什么大作为呢？

7. 玉不琢,不成器。人不学,不知义。

译:刚采出来的玉石如果不经过雕琢和打磨,就不可能成为精美的玉器。一个人如果不读书学习,就不会懂得做人的道理。

8. 为人子,方少时。亲师友,习礼仪。

译:作为子弟的,少年时就应当亲近一些明师和长者,多交一些贤德的朋友,向他们字习待人的礼仪和做人的道理。

9. 香九龄,能温席。孝于亲,所当执。

译:东汉时,九岁的黄香就知道冬天时用自己的身体给父母暖被褥,直到棉被温热了,才请父母安睡。孝敬自己的双亲,这是每个做儿女的都应当做的。

10. 融四岁,能让梨,悌于长,宜先知。

译:东汉时的孔融,四岁时就知道将大梨让给兄长吃。兄弟之间应互相谦让、和睦相处,这是我们每个人都应该懂得的道理。

三、拓展学习

阅读《幼学琼林》。

四、学习笔记

学习笔记

一身正气　诗坛泰斗

——《池上》

一、呈现课本（部编小学语文教材一年级下第 67 页）

二、学习国学

白居易是唐代伟大的诗人，今天我们来认识一下这位大诗人吧。

白居易，字乐天，号香山居士是唐代伟大的现实主义诗人，唐代三大诗人之一。白居易与元稹并称"元白"，与刘禹锡并称"刘白"。他的诗歌题材广泛，形式多样，语言平易通俗，代表诗作有《长恨歌》《卖炭翁》《琵琶行》等。

白居易出生不久，家乡就发生战争。为躲避战乱，他被父亲送到宿州符离，在符离他度过了自己的童年时光。白居易聪颖过人,读书十分刻苦,参加科举,考中进士,被授予秘书省校书郎的职位,后来又被授予左拾遗、翰林学士、中书舍人、刺史、长安任秘书监等官职。晚年的白居易大多在洛阳的履道里度过,后来在洛阳去世。

白居易是唐代诗人中创作数量最多的一个。他曾将自己51岁以前写的1300多首诗编为四类:一讽喻、二闲适、三感伤、四杂律。

白居易的讽喻诗有很多特点:一诗只集中地写一件事,不旁涉他事,不另出他意;运用外貌和心理等细节塑造人物形象;有鲜明的对比,特别是阶级对比;叙事和议论结合,讽喻诗基本上是叙事诗,但叙述到最后,往往发表议论,对所写的事做出明确的评价;语言的通俗化。白居易讽喻诗的代表作有《秦中吟》《新乐府》等。

闲适诗和讽喻诗是白居易特别看重的两类诗作,二者在内容和情调上很不相同。讽喻诗与社会政治紧密关联,多写得意激气烈;闲适诗表现出淡泊平和、闲逸悠然的情调。白居易闲适诗的代表作有《大林寺桃花》等。

白居易的感伤诗有的是长篇,有的是短篇,通过有限的语言营造意境,以简约的笔墨勾勒景物并熔铸主观的意绪,达到情景交融、虚实相生的效果。白居易闲适诗的代表作有《长恨歌》《琵琶行》等。

在白居易的四类诗歌中,杂律诗的数量远多于其他三类诗歌。白居易的杂律诗体裁多样又富有特色,其五言、七言绝句平实浅近而重于工笔,五言、七言律诗通俗晓畅而长于叙事,具有平易、浅切的审美特质,开创了诗歌"浅切"一派,为晚唐五代诗人所接受和膜拜。白居易杂律诗的代表作有《暮江吟》等。

白居易的思想,综合儒、佛、道三家,以儒家思想为主导,孟子说的"达则兼济天下,穷则独善其身"是他终生遵循的信条。他诗歌创作不能离开现实,必须取材于现实生活,反映一个时代的社会政治状况。下面我们阅读几首白居易的诗歌。

大林寺桃花

人间四月芳菲尽,山寺桃花始盛开。

长恨春归无觅处,不知转入此中来。

译文:四月正是平地上百花凋零殆尽的时候,高山古寺中的桃花才刚刚盛放。我常为春光逝去无处寻觅而惋惜,却不知它已经转到这里来。

暮江吟

一道残阳铺水中,半江瑟瑟半江红。

可怜九月初三夜,露似真珠月似弓。

译文:残阳倒映在江面上,霞光洒下,波光粼粼;江水一半呈现出深深的碧色,一半呈现出红色。最可爱的是那九月初三之夜,露珠似颗颗珍珠,朗朗新月形如弯弓。

钱塘湖春行

孤山寺北贾亭西,水面初平云脚低。

几处早莺争暖树,谁家新燕啄春泥。

乱花渐欲迷人眼,浅草才能没马蹄。

最爱湖东行不足,绿杨阴里白沙堤。

译文:从孤山寺的北面到贾亭的西面,湖面春水刚与堤平,白云低垂,同湖面上连成一片。几只早出的黄莺争相飞往向阳的树木,谁家新飞来的燕子忙着筑巢衔泥。纷繁的花朵渐渐开放使人眼花缭乱,浅浅的青草刚刚够上遮没马蹄。最爱的湖东美景百游不厌,杨柳成排绿荫中穿过一条白沙堤。

三、拓展学习

阅读《中国古典名家选集丛书·白居易选集》。

四、学习笔记

蚂蚁过道　大雨来到

——《谚语》

一、呈现课本（部编小学语文教材一年级下第 79 页）

zhāo xiá bú chū mén　　wǎn xiá xíng qiān lǐ
朝霞不出门，晚霞行千里。

yǒu yǔ shān dài mào　　wú yǔ bàn shān yāo
有雨山戴帽，无雨半山腰。

zǎo chen xià yǔ dàng rì qíng　　wǎn shang xià yǔ dào tiān míng
早晨下雨当日晴，晚上下雨到天明。

mǎ yǐ bān jiā shé guò dào　　dà yǔ bù jiǔ yào lái dào
蚂蚁搬家蛇过道，大雨不久要来到。

二、学习国学

　　谚语是广泛流传于民间的言简意赅的短语，多数反映了劳动人民的生活实践经验，一般是经过口头传下来的。

　　我国的谚语源远流长，世代相传。据考证，三千年前的周代，学者们就已在著述中经常引用谚语。谚语从实践中产生，人类社会生活的任何一个方面，从谚语中几乎都可以找到十分精辟的经验总结。谚语在人民生活中具有多功能性的作用,指导人们处理生活中许许多多复杂的细节问题,能够充分、有力地帮助表达人们的思想感情,表示人们对社会生活的种种态度。比如用"鸟美在羽毛,人美在勤劳"赞美勤劳节俭、艰苦奋斗的美德,反对懒惰奢侈,贪图安逸。

谚语类似成语,但口语性强,通俗易懂,而且一般都表达一个完整的意思,形式上差不多都是一两个短句。存从谚语所表达的内容上可以把谚语分为两大类,即生产谚和社会谚。有关生产的谚语总结了几千年来我国劳动人民的生产经验和对自然现象、自然规律的认识,涉及农事耕作、积肥施肥、农出水利、天气时令等各个方面的经验,在农事生产等方面发挥了不可磨灭的指导作用。比如"一场春雪一场雨,一场冬雪一担粮",说的是气候变化的规律及其对农作物的影响。社会谚是对社会生活中的行为规范、伦理原则、人生经验、生活知识等方面谚语的总结,涉及事理德行、时政社交、生活经验、风土人情等各个领域。比如"留得青山在,不怕没柴烧"是受挫时的自勉。

谚语是民间集体创造、广为流传、言简意赅并较为定性的艺术语句,是民众的丰富智慧和普遍经验的规律性总结。恰当地运用谚语可使语言活泼风趣,增强文章的表现力。下面我们选读一些谚语。

1. 八仙过海,各显神通。

释义:八仙指民间传说中的八个神仙,即汉钟离、张果老、韩湘子、铁拐李、吕洞宾、曹国舅、蓝采和、何仙姑。他们曾各显各的高超法术渡过东海。这则谚语比喻在共同的事业中,各显各的才能和本领。

2. 百足之虫,死而不僵。

释义:百足是一种虫子,又名马陆,切断后仍能蠕动。这则谚语比喻有权势的人、家族或集团,虽已衰败,但仍残存着相当的势力或影响。

3. 败兵之将,不敢言勇。

释义:指打了败仗的将领,不敢对人讲自己的英勇。泛指人受了挫折之后,易丧失信心。

4. 船的力量在帆上,人的力量在心上。

释义:意思是人的力量来自决心。

5. 多个朋友多条路,少个对头少堵墙。

释义:指朋友多了路子宽,对头少了路好走。

6. 放虎归山,必有后殃。

释义:比喻放走敌人以后一定会受其伤害。

7. 非理之财莫取,非理之事莫为。

释义:不正当的财物不要取,不正当的事不要做。

8. 风不来,树不动;船不摇,水不浑。

释义:指事情发生都有一定原因。

9. 处暑高粱白露谷,秋分两旁看豆扑。

释义:处暑前后收获高粱,白露前收割谷子,秋分时大豆已收割。

10. 小满不满,麦子有闪。

释义:指小麦到小满时应灌满浆,若没有灌满浆,小麦收成就不好。

11. 大寒不寒,春分不暖。

释义:大寒这一天如果天气不冷,那么寒冷的天气就会向后展延,来年的春分时节天气就会十分寒冷

三、拓展学习

阅读《谚语大全》。

四、学习笔记

学习笔记

降妖除魔　力取真经

——《孙悟空打妖怪》

一、呈现课本（部编小学语文教材一年级下第 100 页）

sūn wù kōng dǎ yāo guài
孙悟空打妖怪

táng sēng qí mǎ dōng nà ge dōng
唐僧骑马咚那个咚，

hòu miàn gēn zhe ge sūn wù kōng
后面跟着个孙悟空。

sūn wù kōng pǎo de kuài
孙悟空，跑得快，

hòu miàn gēn zhe ge zhū bā jiè
后面跟着个猪八戒。

zhū bā jiè bí zi cháng
猪八戒，鼻子长，

hòu miàn gēn zhe ge shā hé shang
后面跟着个沙和尚。

shā hé shang tiāo zhe luó
沙和尚，挑着箩，

hòu miàn gēn zhe ge lǎo yāo pó
后面跟着个老妖婆。

lǎo yāo pó zhēn zhèng huài
老妖婆，真正坏，

piàn le táng sēng hé bā jiè
骗了唐僧和八戒。

táng sēng bā jiè zhēn hú tu
唐僧八戒真糊涂，

shì rén shì yāo fēn bù qīng
是人是妖分不清。

fēn bù qīng shàng le dàng
分不清，上了当，

duō kuī wù kōng yǎn jing liàng
多亏悟空眼睛亮。

yǎn jing liàng mào jīn guāng
眼睛亮，冒金光，

gāo gāo jǔ qǐ jīn gū bàng
高高举起金箍棒。

jīn gū bàng yǒu lì liàng
金箍棒，有力量，

yāo mó guǐ guài xiāo miè guāng
妖魔鬼怪消灭光。

101

二、学习国学

《西游记》是中国文学史上一部最杰出的充满奇思异想的神魔小说,作者是吴承恩。吴承恩从小博览群书,尤其喜爱神话故事。他从《大唐西域记》和民间传说、元杂剧中选取素材,运用浪漫主义的手法创作出《西游记》,描绘了一个色彩缤纷、神奇瑰丽的幻想世界,创造了一系列妙趣横生、引人入胜的神话故事。

《西游记》讲的是唐僧、孙悟空、猪八戒、沙僧师徒四人去西天取经,一路抢滩涉险、降妖伏怪,历经八十一难,取回真经,终修正果的故事。《西游记》塑造了唐僧、孙悟空、猪八戒、沙僧四个鲜明的人物形象。这四个人物形象各有特点,性格各不相同,恰好形成了鲜明的对比。

唐僧自幼在寺庙中出家、长大。他勤敏好学,悟性极高,在寺庙僧人中脱颖而出,被唐太宗选定,与其结拜并前往西天取经。在取经的路上,唐僧先后收服了三个徒弟:孙悟空、猪八戒、沙僧。之后,在三个徒弟和白龙马的辅佐下,历尽千辛万苦,终于从西天雷音寺取回真经。唐僧慈悲心肠,一心向佛,为人诚实善良,也有怯懦的一面。

孙悟空是从花果山顶的一块仙石中出来的,因发现花果山上的水帘洞,被众猴称为"美猴王"。他被菩提祖师收为弟子,习得了高强的本领,因大闹天宫被如来施法压在五行山下。五百年后,唐僧将他救出,他和师弟猪八戒、沙和尚护佑师父到达西天取得真经。孙悟空敢勇敢机智,爱憎分明,行侠仗义,有时也喜欢搞点恶作剧。

猪八戒原为天宫中的"天蓬元帅",因犯错被罚下人间,但错投了猪胎,后来修炼成精,在高老庄被孙悟空降伏,跟随唐僧西天取经。猪八戒一方面好吃懒做、见识短浅、爱搬弄是非,但另一方面又忠勇善良、能知错改错、淳朴憨厚。

沙和尚又名沙悟净、沙僧,原来是天宫中的卷帘大将,因为在蟠桃会上打碎了琉璃盏,惹怒玉皇大帝,被贬入人间,在流沙河畔被唐僧师徒收服。沙和尚忠厚老实、任劳任怨、正直无私,一心一意保护唐僧西行。

下面是《齐天大圣大闹天宫》的片段选读:

二郎神奉命,带领梅山六兄弟,点了些精兵良将,杀向花果山。他请李天王举着照妖镜站在空中,对着悟空照,自己到水帘洞前挑战。悟空出洞迎战,与二郎神打得难分难解。梅山六兄弟见悟空这时顾不上他们,就乘机杀进了水帘洞。

悟空见自己的老窝被破坏了,心里一慌,变成麻雀想跑,二郎神摇身变成了捉麻雀的鹰,抖抖翅膀就去啄麻雀;悟空急忙又变成一只大鹚鸟,冲向天空,二郎神急忙变成了一只大海鹤,钻进云里去扑;悟空一见嗖的一声飞到水里,变成一条鱼。

二郎神从照妖镜里看见了悟空,就变成鱼鹰,在水面上等着,悟空见了,急忙变条水蛇,窜到岸边,接着又变成花鸨,立在芦苇上。二郎神见他变的太低贱,也不去理他,变回原来的样子,取出弹弓,朝着花鸨就打,把悟空打得站立不稳。

悟空趁机滚下山坡,变成一座土地庙,二郎神追过来,见有个旗杆立在庙的后面,就知道是悟空变的,拿起兵器就朝门砸过去,悟空见被看出来了,往上一跳,变回原样就跑,二郎神驾着云追了过去。两个人一边走一边打,又来到花果山跟前。

三、拓展学习

阅读《西游记》(少儿版)。

四、学习笔记

学习笔记

童言无忌　童真无价

——《拍手歌》

一、呈现课本（部编小学语文教材二年级上第20页）

pāi shǒu gē
③ 拍手歌

nǐ pāi yī　wǒ pāi yī
你拍一，我拍一，
bǎo hù dòng wù yào láo jì
保护动物要牢记。

nǐ pāi èr　wǒ pāi èr
你拍二，我拍二，
kǒng què jǐn jī shì huǒ bàn
孔雀锦鸡是伙伴。

nǐ pāi sān　wǒ pāi sān
你拍三，我拍三，
xióng yīng fēi xiáng zài lán tiān
雄鹰飞翔在蓝天。

nǐ pāi sì　wǒ pāi sì
你拍四，我拍四，
tiān kōng yàn qún huì xiě zì
天空雁群会写字。

nǐ pāi wǔ　wǒ pāi wǔ
你拍五，我拍五，
cóng lín shēn chù yǒu měng hǔ
丛林深处有猛虎。

nǐ pāi liù　wǒ pāi liù
你拍六，我拍六，
huáng lí bǎi líng chàng bù xiū
黄鹂百灵唱不休。

nǐ pāi qī　wǒ pāi qī
你拍七，我拍七，
zhú lín xióng māo zài xī xì
竹林熊猫在嬉戏。

nǐ pāi bā　wǒ pāi bā
你拍八，我拍八，
dà xiǎo dòng wù dōu yǒu jiā
大小动物都有家。

nǐ pāi jiǔ　wǒ pāi jiǔ
你拍九，我拍九，
rén hé dòng wù shì péng you
人和动物是朋友。

nǐ pāi shí　wǒ pāi shí
你拍十，我拍十，
bǎo hù dòng wù shì dà shì
保护动物是大事。

20

本文出自人民教育出版社小学语文教材部分。

童言无忌　童真无价——《拍手歌》

61

二、学习国学

童谣指儿童传唱的歌谣,由一代代人口耳相传,通常带有浓厚的地方特色,诙谐幽默,音节和谐,形式简短,读起来朗朗上口。

童谣历史悠久,《诗经》中有"心之忧矣,我歌且谣",《列子》中有《康衢童谣》,世界各国、各民族都有童谣,甚至没有文字的族群都有童谣。

童谣的特点是语言朴素自然、简洁明快、通俗易懂,易念、易唱、易学,能引起孩子极大的兴趣;内容结构简单,句式灵活多变、长短不一,表现手法丰富,采用拟人、夸张、比喻等多种修辞手法;韵律节奏感强,具有音乐性,可以引起孩子的美感、愉悦感。

童谣按照不同的标准有不同的分类方法。按照功能性可以分为教诲童谣和游戏童谣。教诲童谣一般是把形象的事物编成童谣,对儿童进行劝诫、教诲,帮助儿童培养好习惯、好品格。游戏童谣就是游戏中边玩边唱的童谣,如《扯大锯》:"拉大锯,扯大锯,姥姥门前唱大戏……"

童谣按照艺术形式可以分为摇篮曲、游戏歌、数数歌、问答歌、连锁调、颠倒歌、字头歌和谜语歌等类型。我国童谣在千百年的历史传承中,经过一代又一代人的加工,形成了多种倍受儿童喜爱的传统艺术形式。下面介绍几种童谣。

游戏歌是儿童做游戏时伴随着一定的游戏动作吟唱的童谣。比如《找朋友》《丢手绢》《拍手歌》等。

数数歌是一种训练儿童数数能力的童谣,这类童谣的特点是变数字为形象,化抽象为具体,比如传统童谣《一二三》:一二三,爬上山,四五六,翻跟头,七八九,拍皮球,张开两只手,十个手指头。

问答歌是一种采取一问一答或连问连答的形式来叙述事物、反映生活的童谣。例如《什么好》:什么好?公鸡好,公鸡喔喔起得早。什么好?小鸭好,小鸭呷呷爱洗澡。什么好?小羊好,小羊细细吃青草。什么好?小兔好,小兔玩耍不吵闹。

连锁调即连珠体童谣,它以"顶针"的修辞手法结构全歌,即将前句的结尾词语作为后句的开头,或前后句随韵粘合,逐句相连,比如金波的《野牵牛》:"野牵牛,爬高楼;高楼高,爬树梢;树梢长,爬东墙;东墙滑,爬篱笆;篱笆细,不敢爬;躺在地上吹喇叭;嘀嘀嗒!嘀嘀嗒!"

颠倒歌,也称滑稽歌、古怪歌或倒唱歌,指故意把事物的本来面目颠倒过来叙述。比如童谣《小槐树》:小槐树,结樱桃,杨柳树上结辣椒,吹着鼓,打着号,抬着大车拉着轿。蚊子踢死驴,蚂蚁踩塌桥,木头沉了底,石头水上漂……

童谣蕴含了丰富的自然知识、生活规律和人文常识。诵读童谣可以得到无穷的乐趣和诗意,体会学习预言的快乐,感受生活的幸福。

三、拓展学习

阅读《中国童谣》。

四、学习笔记

学习笔记

童言无忌　童真无价——《拍手歌》

慷慨大略　倜傥异才

——《古诗二首》

一、呈现课本（部编小学语文教材二年级上第 45 页）

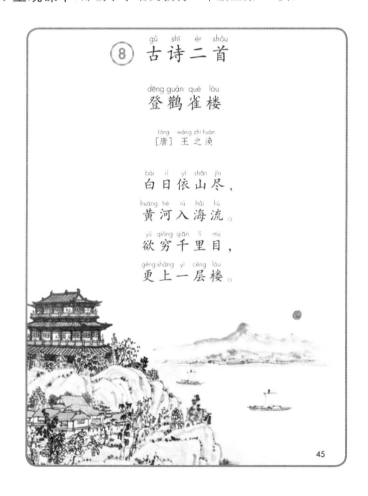

二、学习国学

黄河是我国第二大河,发源于青藏高原,流经青海、四川、甘肃、宁夏、内蒙古、陕西、山西、河南、山东9个省区,在山东东营流入渤海。黄河干流在流经黄土高原的时候会裹挟着大量的泥沙,同时接纳渭河、洛河等含沙量高的河流,慢慢得黄河中的泥沙越来越多,水的颜色越来越黄,黄河之名也由此而来。黄河现在是世界上含沙量最大的河流。

黄河沿岸有许多壮丽的美景:瑰丽雄奇的晋陕大峡谷、从天而降的壶口瀑布、多姿多彩的黄河口湿地……作为中华文化的重要发祥地之一,从中石器时代起,黄河流域就成了古文化的发展中心;自殷商至北宋近两千五百年的时间里,黄河流域一直是中国政治、经济和文化的中心。

黄河作为中华民族的母亲河,是中华文明源远流长的发源地,在博大精深的黄河文化中,诗歌以其独特的艺术形式、深刻的思想内容以及浩瀚的作品,深受世人喜爱和重视。历代描写黄河的诗歌都表现出雄浑壮阔、奔腾咆哮的黄河气势,比如唐太宗李世民在《黄河》中,用"河源发昆仑,连乾复浸坤。波浑经雁塞,声振自龙门""横沟通海上,远色尽山根。能逗三峰折,雄标四渎尊"把黄河翻滚奔腾、一泻千里的气势表现得淋漓尽致;李白用"黄河之水天上来"一句写出了黄河的大气磅礴。

黄河两岸壮美的景物风光和众多的古迹名胜,是历代诗人最感兴趣的题材。他们凭借眼前所见,抒发自己的情感和志向。时代不同,心情各异,即使是游览相同的地方,看见相同的景象,写出的诗风格、色彩、情调也不会相同。阅读黄河诗歌,我们可以更好地了解当时的社会生活。

黄河诗歌是我们宝贵的文化遗产。让我们一起来读一读下面这些诗,感受黄河磅礴气势。

凉州词(其一)

(唐)王之涣

黄河远上白云间,一片孤城万仞山。

羌笛何须怨杨柳,春风不度玉门关。

译文:黄河好像从白云间奔流而来,玉门关孤独地耸峙在高山中。何必用羌笛吹起那哀怨的《杨柳曲》去埋怨春光迟迟不来呢,原来玉门关一带春风是吹不到的啊!

《浪淘沙·其一》

(唐)刘禹锡

九曲黄河万里沙,浪淘风簸自天涯。

如今直上银河去,同到牵牛织女家。

译文:万里黄河弯弯曲曲挟带着泥沙,波涛滚滚如大风掀簸来自天涯。如今好像要直飞上高空的银河,请你带上我一起去寻访牛郎织女的家。

渡黄河

(南北朝)范云

河流迅且浊,汤汤不可陵。

桧楫难为榜,松舟才自胜。

空庭偃旧木,荒畴余故塍。

不睹行人迹,但见狐兔兴。

寄言河上老,此水何当澄。

译文:黄河流水湍急而且浑浊,其盛大的水势不可阻挡。用桧木做成的桨,船夫也难以使用,松木造成的坚船方可胜任。空院落倒放着旧木头,荒地里留着旧土堤。这里不见行人的踪迹,所见的只有狐狸兔子出没。我要对黄河边上的老人说,这浊水何时才能澄清啊?

黄河

(唐)王安石

派出昆仑五色流,一支黄浊贯中州。

吹沙走浪几千里,转侧屋间无处求。

译文:黄河的水源自昆仑山,贯穿神州大地,气势磅礴;一路风沙,一路波浪,一旦洪水决堤,万千的黎民百姓将无家可归。

三、拓展学习

阅读《中国最美的河流》。

四、学习笔记

学习笔记

黄山云海　天下奇观

——《黄山奇石》

一、呈现课本（部编小学语文教材二年级上第48页）

⑨ 黄山奇石

huáng shān qí shí

闻名中外的黄山风景区在我国安徽省南部。那里景色秀丽神奇，尤其是那些怪石，有趣极了。

就说"仙桃石"吧，它好像从天上飞下来的一个大桃子，落在山顶的石盘上。

在一座陡峭的山峰上，有一只"猴子"。它两只胳膊抱着腿，一动不动地蹲在山头，望着翻滚的云海。这就是有趣的"猴子观海"。

"仙人指路"就更有趣了！远远望去，那巨石真像一位仙人站在高高的山峰上，伸着手臂指向前方。

每当太阳升起，有座山峰上的几块巨石，就变成了一只金光闪闪的雄鸡。它伸着脖子，对着天都峰不住地啼叫。不用说，这就是著名的"金鸡叫天都"了。

黄山的奇石还有很多，像"天狗望月""狮子抢球""仙女弹琴"。那些叫不出名字的奇形怪状的岩石，正等你去给它们起名字呢！

本文选自人民教育出版社义务教育课程标准小学语文实验教科书

48

二、学习国学

黄山位于安徽省南部黄山市境内,是"三山五岳"中"三山"之一,有"天下第一奇山"的美誉。黄山的主峰莲花峰海拔1864米,与光明顶、天都峰并称三大黄山主峰。

黄山遗址遗迹众多,郦道元、李白、徐霞客等名士,都曾在此留下了壮美的诗篇和历史的足迹。黄山是我国十大风景名胜之一,也是中国唯一拥有世界文化遗产、自然遗产和世界地质公园两项世界桂冠的景区。

黄山集中国各大名山的美景于一身,尤其以奇松、怪石、云海、温泉、冬雪为五绝,是大自然造化的奇迹,历来享有"五岳归来不看山,黄山归来不看岳"的美誉。

黄山上的松树,被人们称为"黄山松"。这些松树的生长环境非常艰苦:扎根于巨石裂缝中,屹立于悬崖绝壁间。由于黄山独特的地质地貌和气候,黄山松的枝叶如针,较粗短,叶深绿色,姿态更挺拔。黄山松的生长速度较为缓慢,但现在能看到的松树,其寿命多数已有数百年。著名的黄山松有:迎客松、送客松、蒲团松、黑虎松等。

黄山的石头,又多又怪,非常有趣,因此人们给这些石头取了名字。这些石头的共同特点就是姿态千奇百怪,似人似物,似鸟似兽,情态各异,形象逼真。黄山千岩万壑,几乎每座山峰上都有许多灵幻奇巧的怪石,从不同的位置,在不同的天气观看情趣迥异。比如天都峰上有一块大石头,形如大公鸡展翅啼鸣,故名"金鸡叫天门",但登上龙蟠坡回首遥望,这块石头变成了五位长袍飘飘、扶肩携手的老人,被改冠以"五老上天都"之名。

黄山的云海,亦真亦幻,美不胜收。黄山一年之中有云雾的天气达200多天,水气升腾或雨后雾气未消,就会形成云海,波澜壮阔,一望无边,奇峰怪石和古松隐现云海之中,就更增加了美感。

黄山的温泉,源自紫云峰下,属于高山温泉。水温常年在42℃,泡黄山温泉,对消化系统、神经系统、心血管疾病、皮肤病等病症都有一定的治疗缓解功效。

黄山美丽的自然景观,使无数诗人、画家和其他艺术家为之赞叹和陶醉,留下了不可胜数的艺术作品。黄山艺术作品的体裁和内容都十分丰富。就诗文而言,李白、贾岛、范成大等诗人留下许多诗作流传于世。散文中,徐霞客的《游黄山日记》、袁牧的《游黄山记》、叶圣陶的《黄山三天》、丰子恺的《上天都》等都体现了黄山的风姿。黄山画派的画家们以凝重简练的笔墨、明快秀丽的构图和清高悲壮的风格、深沉宏达的旨意,创作出众多优秀作品。黄山哺育了各个时代的许多艺术家,艺术家们又赋予黄山以艺术的生命。下面我们一起欣赏一首描写黄山的诗词。

夜泊黄山闻殷十四吴吟

（唐）李白

昨夜谁为吴会吟，风生万壑振空林。

龙惊不敢水中卧，猿啸时闻岩下音。

我宿黄山碧溪月，听之却罢松间琴。

朝来果是沧洲逸，酤酒醍盘饭霜栗。

半酣更发江海声，客愁顿向杯中失。

译文：昨夜是谁唱出吴地的歌声，就像万壑之风振响空寂的树林。蛟龙惊起不敢在水中静卧，山猿也不时停下啸声而闻听山岩下的歌声。我宿在明月照着碧溪的黄山下，听了也罢却原在松林间弹着的琴。早晨才知道您果然是位隐逸之士，便提盘沽酒并以霜栗当饭助兴。酒至半酣您又发出江涛海啸的歌声，使我的愁绪在酒杯中消失殆尽。

三、拓展学习

阅读《黄山（中国文化知识读本）》。

四、学习笔记

学习笔记

黄山云海 天下奇观——《黄山奇石》

博学万家　逍遥之文

——《坐井观天》

一、呈现课本（部编小学语文教材二年级上第58页）

⑫ 坐井观天
zuò jǐng guān tiān

qīng wā zuò zài jǐng lǐ　xiǎo niǎo fēi lái　luò zài jǐng
青蛙坐在井里。小鸟飞来，落在井
yán shàng
沿上。

qīng wā wèn xiǎo niǎo　nǐ cóng nǎr　lái ya
青蛙问小鸟："你从哪儿来呀？"

xiǎo niǎo huí dá shuō　wǒ cóng tiān shàng lái　fēi le
小鸟回答说："我从天上来，飞了
yì bǎi duō lǐ　kǒu kě le　xià lái zhǎo diǎnr　shuǐ hē
一百多里，口渴了，下来找点儿水喝。"

qīng wā shuō　péng you　bié shuō dà huà le　tiān
青蛙说："朋友，别说大话了！天
bú guò jǐng kǒu nà me dà　hái yòng fēi nà me yuǎn ma
不过井口那么大，还用飞那么远吗？"

xiǎo niǎo shuō　nǐ nòng cuò le　tiān wú biān wú jì
小鸟说："你弄错了。天无边无际，
dà de hěn na
大得很哪！"

qīng wā xiào le　shuō　péng you　wǒ tiān tiān zuò zài jǐng
青蛙笑了，说："朋友，我天天坐在井
lǐ　yì tái tóu jiù kàn jiàn tiān　wǒ bú huì nòng cuò de
里，一抬头就看见天。我不会弄错的。"

xiǎo niǎo yě xiào le　shuō　péng you　nǐ shì nòng cuò le
小鸟也笑了，说："朋友，你是弄错了。
bú xìn　nǐ tiào chū jǐng kǒu lái kàn yi kàn ba
不信，你跳出井口来看一看吧。"

二、学习国学

《坐井观天》选自庄子的《庄子·秋水》。庄子,名周,我国先秦时期伟大的思想家、哲学家、文学家,道家学说的主要创始人,和道家始祖老子并称"老庄"。《庄子》是古代道家学派的经典著作,是由战国的庄子和他的弟子,加之后来人对他思想的理解,共同编撰而成的。《庄子》这本书主要反映了庄子的哲学思想,是我国古代重要的思想结晶之一。

庄子是楚庄王的后代,因为战乱迁至宋国,在一段时间内做过宋国地方的漆园吏,和梁惠王、齐宣王是同一时期的人。庄子的学问渊博,游历过很多国家,对当时的各学派都有研究,进行过分析批判。楚威王听说他的才学很高,派使者带着厚礼,请他去做相国。庄子笑着对楚国的使者说:"千金,重利;卿相,尊位也。子独不见郊祭之牺牲乎?养之数岁,衣以彩绣,以入太庙。当是时,虽欲为孤豚,岂可得乎?子亟去,无污我。我宁曳尾于污渠之中而自快,不为有国者所羁,终身不仕,以快吾志焉。"这句话的意思是:千金,确是厚礼;卿相,确是尊贵的高位。您难道没见过祭祀天地用的猪吗?喂养它好几年,给它披上带有花纹的绸缎,把它牵进太庙去当祭品,在这个时候,它即使想做一头孤独的小猪,难道能办得到吗?您赶快离去,不要玷污了我。我宁愿在小水沟里身心愉快地游戏,也不愿被国君所束缚。我终身不做官,让自己的心志愉快。庄子崇尚自由,厌恶仕途,不愿与统治者同流合污,隐居著书,潜心研究道学。他大大继承和发展了老聃的思想,与老子并称"道家之祖"。他把"贵生""为我"引向"达生""忘我",归结为天然的"道""我"合,成为先秦道家学派的代表人物之一,被后世尊称为道教祖师、南华真人、道教四大真人之一。

庄子所处的年代,一方面社会经历着剧烈的动荡,战争频发,生灵涂炭,另一方面知识分子中不同学派、各家族流派之间争芳斗艳,形成诸子百家争鸣的繁荣局面,道家是诸子百家中最重要的思想学派之一。

道家思想的起源很早,传说中,轩辕黄帝就有天人合一的思想。一般认为第一个确立道家学说的是春秋时期的老子,老子在他所著的《老子》中对其理念做了详细的阐述。老子认为世间事物均为"有"与"无"之间的统一,"有、无相生",而"无"为基础,用"道"解释宇宙万物的演变。老子试图建立一个适合于所有事物的理论,他认为一切事物都遵循这样的规律:方法来源于事物的规律,相互对立的事物会互相转化。他观察社会和自然变化,认为一切事物都存在于正反两方面的对立之中,它们互相依存,互相转化。老子的思想在中国思想史上占有重要的地位。

庄子的学说涵盖当时社会生活的各方面,但根本精神还是归依于老子的哲学。后世将他与老子的哲学称为"老庄哲学"。庄子的主要思想是"天道无为",他认为一切事物都在变化,一切事物都是相对的,因此他否定知识,否定一切事物的本质区别,极力否定现实,幻想一种"天地与我并生,万物与我为一"的精神境界,安时处顺,逍遥自得。庄子哲学中另一个重要概念是"齐物",意思是万物没有矛盾地生存于世界之中。他认为真正的生活是自然而然的,因此不需要去教导什么,规定什么,而是要去掉什么,忘掉什么。

庄子对后世的影响,不仅表现在他独特的哲学思想上,而且表现在文学上。庄子的文章,想象力很强,具有浓厚的浪漫主义色彩。《庄子》全书仿佛是一部寓言故事集,这些寓言表现出超常的想象力,构成了奇特的形象,具有一种独特的艺术感染力。我们现在熟知的很多成语都出自《庄子》,比如鹏程万里、扶摇直上、越俎代庖、大相径庭、中规中矩、形如槁木、心如死灰、庄周梦蝶、游刃有余、踌躇满志、螳臂当车、相濡以沫、虚与委蛇等。

三、拓展学习

阅读《庄子》。

四、学习笔记

治水精神　百姓至上

——《大禹治水》

一、呈现课本（部编小学语文教材二年级上第71页）

dà yǔ zhì shuǐ
⑮ 大禹治水

很久很久以前，洪水经常泛滥。大水淹没了田地，冲毁了房屋，毒蛇猛兽到处伤害牲畜和百姓，人们的生活痛苦极了。

洪水给百姓带来了无数的灾难，必须治好它。当时，一个名叫鲧的人领着大家治水。他只知道筑坝挡水，经过了九年，洪水仍然没有消退。他的儿子禹继续治水。

禹离开了家乡，一去就是十三年。这十三年里，他到处奔走，曾经三次路过自己的家门口，可是他认为治水要紧，一次也没有走进家门看一看。禹吸取了鲧治水失败的教训，采用疏导的办法治水。他和千千万万的人一起，开通了很多河道，让洪水通过河道，最后流到大海里去。

洪水终于退了，毒蛇猛兽被驱赶走了，人们把家重新搬了回来。大家在被水淹过的土地上耕种，农业生产渐渐恢复了，百姓过上了安居乐业的生活。

二、学习国学

《大禹治水》选自《山海经》。大禹是中国古代神话中的重要人物。

《山海经》是中国第一部涵盖山川、物产、风俗、民情等多方面内容的大型地理著作，又是中国古代第一部神话传说的大汇总。全书共十八篇，分为《山经》和《海经》两个部分。《山经》即《五藏山经》五篇；《海经》包括《海外经》四篇，《海内经》五篇，《大荒经》四篇。它以描述各地山川为纲，记述了许多当地的神话传说。《山海经》具有非凡的文献价值，对中国古代历史、地理、文化、中外交通、民俗、神话等的研究,均有参考,其中的矿物记录,更是世界上最早的有关文献。

《山海经》中保存了大量神话传说,《精卫填海》《夸父逐日》《后羿射日》《鲧禹治水》《黄帝擒蚩尤》这些神话传说反映了中华民族的英雄气概。神话产生于生产力和人们的认识能力都十分低下的原始时代,那时候人类的意识开始发展,但对自然界和自然现无法进行科学的理解和解释,只能凭借自己生活体验加以想象和幻想,从而认为自然界也像人一样有意志、有性格、有感情,日、月、风、雨、雷、电等,都有神主宰。这样,就在原始人类头脑中形成了自然神的观念。比如《山海经》中女娲造人的神话传说,人们要解释宇宙万物的起源,就幻想出女娲,认为女娲不仅是世界的创造者,而且是人类万物的始祖;要解释日月西行、江河东去的现象,就幻想出"共工头触不周山""天柱折,地维绝""天倾西北""地不满东南"的故事。从这些神话故事中,我们可以看到古代先民丰富的想象力。

《山海经》不仅是一部神话总集,还是一部地理志。它从各个方向有秩序、有条理地记叙各地的地理特征,包括自然地理特征和人文地理特征。《山海经》记载了许多的山,如"堂庭之山""杻阳之山""青丘之山"等,每座山的命名都是根据山的地貌而定的,这些名字也体现了山系的走势。《山海经》中的河流大都记明了源头和注入之处,也注意到了河流干流的全貌。《山海经》还有人文地理记述,包括一些区域的社会人文风俗、经济发展、科技成果等,还有许多关于先民对于疆域的开发的记录。

《山海经》也是一部科技史。《山海经》里记录了大量先民的农业生产情况和先秦时代农耕文化的科技生产成果,涵盖水利、车船制造、耕牛使用、乐舞产生及投壶游戏等多个方面。《山海经》里还有一些关于自然现象,比如北极地带半年为昼、半年为夜的极地现象,只不过是古人无法解释这种现象,于是就用神话来解释。《山海经》里记载的古代科学家的创造发明和科学实践活动,反映了当时的科学思想以及已经达到的科学技术水平。

《山海经》是一部充满着神奇、怪异色彩的著作,内容包罗万象。下面我们一起来了解几个出自《山海经》的神话故事。

1. 羿射九日

羿在五岁的时候被父母抛弃在深山,自幼在山林中成长,善于射箭。帝尧之时,天上有十个太阳同时出现,把土地都烤焦了,庄稼也干枯了,人们热得喘不过气来,倒在地上昏迷不醒。因为天气酷热的缘故,一些怪禽猛兽,也都从干涸的江湖和火焰似的森林里跑出来,在各地残害百姓。帝尧请来了羿,羿立即开始射日的战斗。他从肩上取下弓,搭好箭,一支一支地向太阳射去。十个太阳被射去了九个,从此地上气候适宜,万物得以生长。

2．精卫填海

传说在上古时代的发鸠山上有许多柘树。树上有只小鸟，它的形状像乌鸦，头上有花纹，长着白色的嘴巴、红色的爪子。它的叫声像"精卫！精卫！"，因此而得名"精卫"。

精卫原本是炎帝的小女儿，名叫女娃。她很喜欢玩水，一天到东海游泳，不幸遇到巨浪，被海水吞没，死后变成精卫鸟。她每天从西山衔着树枝、石子飞到东海上空，将它们投下去。一天又一天，一月又一月，一年又一年，一直如此。原来，它决心要把东海填平，免得别人也淹死在大海里。

3．夸父逐日

夸父是古代神话传说中的一个巨人，是幽冥之神后土的后代，住在北方荒野的成都载天山上。他认为世界上没有做不成的事情。他拿着手杖追赶太阳，翻过许多座山，渡过很多江河，累得筋疲力尽。当他到达太阳将要落入的禹谷之时，觉得口干舌燥，便去喝黄河和渭河的水。河水喝干后，他想去喝北方大湖的水，还没有走到，就渴死了。夸父临死之际，抛掉他的手杖，手杖顿时变成了一片鲜果累累的桃林，为后来追求光明的人解除口渴。

三、拓展学习

阅读《中国古代神话》。

四、学习笔记

治水精神　百姓至上——《大禹治水》

学习成语　启迪智慧

——《狐假虎威》

一、呈现课本（部编小学语文教材二年级上第97页）

㉒ 狐假虎威
hú jiǎ hǔ wēi

zài mào mì de sēn lín li　　　yǒu yì zhī lǎo hǔ zhèng zài xún zhǎo
在茂密的森林里，有一只老虎正在寻找
shí wù　　yì zhī hú lí cóng lǎo hǔ shēn biān cuān guò　　lǎo hǔ pū guò
食物。一只狐狸从老虎身边窜过。老虎扑过
qù　　bǎ hú lí dǎi zhù le
去，把狐狸逮住了。
hú lí yǎn zhū zi gū lū yì zhuǎn　　chě zhe sǎng zi wèn lǎo
狐狸眼珠子骨碌一转，扯着嗓子问老
hǔ　　nǐ gǎn chī wǒ
虎："你敢吃我？"

wèi shén me bu gǎn
"为什么不敢？"
lǎo hǔ yí lèng
老虎一愣。

lǎo tiān yé pài wǒ lái
"老天爷派我来
guǎn zǐ men bǎi shòu　　nǐ chī le
管你们百兽，你吃了
wǒ　　jiù shì wéi kàng le lǎo
我，就是违抗了老
tiān yé de mìng lìng　　wǒ kàn
天爷的命令。我看
nǐ yǒu duō dà de dǎn zi
你有多大的胆子！"

lǎo hǔ bèi méng zhù le　　sōng kāi le zhuǎ zi
老虎被蒙住了，松开了爪子。
hú lí yáo le yáo wěi ba　　shuō　　wǒ dài nǐ dào bǎi shòu
狐狸摇了摇尾巴，说："我带你到百兽
miàn qián zǒu yí tàng　　ràng nǐ kàn kan wǒ de wēi fēng
面前走一趟，让你看看我的威风。"
lǎo hǔ gēn zhe hú lí cháo sēn lín shēn chù zǒu qù　　hú lí shén
老虎跟着狐狸朝森林深处走去。狐狸神
qì huó xiàn　　yáo tóu bǎi wěi　　lǎo hǔ bàn xìn bàn yí　　dōng zhāng
气活现，摇头摆尾；老虎半信半疑，东张
xī wàng
西望。
sēn lín li de yě zhū la　　xiǎo lù la　　tù zi la　　kàn
森林里的野猪啦，小鹿啦，兔子啦，看
jiàn hú lí dà yáo dà bǎi de zǒu guò lái　　gēn wǎng cháng hěn bù yí
见狐狸大摇大摆地走过来，跟往常很不一
yàng　　dōu hěn nà mèn　　zài wǎng hú lí shēn hòu yí kàn　　yā　　yì
样，都很纳闷。再往狐狸身后一看，呀，一

二、学习国学

成语是人们口头习惯使用的一种固定词组或短句,是中华民族在长期的语言交际过程中形成并发展的,承载着中华民族特有的生活习俗、思维方式、价值观念等,是传统文化的精华,因其短小精炼、生动形象为人们所喜爱。

成语是中国传统文化的一大特色,有固定的结构形式和固定的说法,表达一定的意义,在语句中是作为一个整体来应用的。有些成语本就是一个微型的句子,比如"扑朔迷离"出自《木兰辞》的"雄兔脚扑朔,雌兔眼迷离,两兔傍地走,安能辨我是雌雄",用来比喻事物错综复杂,难以识别。

成语一般都能把人们要表达的丰富思想,用几个字概括地说出来,恰当地运用这些成语,会使语句显得格外精炼。例如"方枘圆凿"的意思是方榫头不能楔进圆孔洞,比喻两件事不相容,或者比喻事情的不可能;"众口难调"意思是吃饭的人多了,饭菜的味道就很难使所有的人都满意,比喻做一件事情,不容易使各方面都没有意见。如果改用一般的话来说,即使用很长的语句,也未必能表达得像用成语那样意思丰富和透彻。

由于成语在结构形式和组织方法上,基本上是有规律的,所以学起来比较容易,比如:翻天覆地,这个成语是动宾结构,是由翻、覆、天、地四个字交错组成的,提起"翻天",可能就想起"覆地",两者也是对应的,很工整。

许多成语,含有显著的修辞因素,使人看了或听了以后,就会在脑海里留下一个深刻的、具体的印象。成语中所用的修辞手法,是多种多样的,比如"中流砥柱"运用了比喻的修辞手法,砥柱是在黄河中流的一座山,黄河的水日日夜夜汹涌澎湃地冲击它,可是千百年来,依然屹立在那里。因此人们就用"中流砥柱"这四个字作为成语,比喻那些意志坚强,在大风大浪里经得起考验,毫不动摇,能起支柱作用的人;"门庭若市"运用夸张的修辞手法,形容交游广,来的人很多,住宅门口和院子,热闹得就像集市一样。

成语具有群众基础,表达的效果比意思相同的一般说法强。例如"口诛笔伐"就比"用语言和文字对他进行严厉的批判"这样一句话显得有力量。

成语的来源主要有六个方面:一是来源于神话传说,比如夸父追日、精卫填海;二是来源于寓言故事,如刻舟求剑、狐假虎威;三是来源于历史故事成语,比如草木皆兵、完璧归赵、纸上谈兵、破釜沉舟;四是来源于名言警句,比如"自强不息"来自"天行健,君子以自强不息"一句;五是来源于宗教,比如立地成佛、借花献佛、灵丹妙药等;六是来源于民谚俗语,比如投鼠忌器等。

成语作为汉语词汇系统中最重要、历史最悠久的词语,承载着丰富的中华传统文化。

下面我们一起来学习几个成语。

（一）牛角挂书

隋朝的李密少年时就发奋读书,听说有位名士叫包恺,就去求教。李密骑上牛出发了,牛背上铺着用薄草编的垫子,牛角上挂着一部《汉书》,他边走边读,后来人们就用"牛角挂书"比喻读书勤奋。

（二）画蛇添足

古时候,楚国有一家人祭完祖宗之后,准备将一壶酒赏给办事的人喝,但这壶酒如果大家都喝是不够的,只能给一个人喝。那该给谁呢?有人提议每个人在地上画一条蛇,谁画得又快又好,就把这壶酒给谁喝。于是,大家就在地上画起蛇来。有个人最先画好了,就端起酒壶要喝酒。他回头看到别人还没画好,又想显示自己的本领,就左手提着酒壶,右手给蛇画起脚来。另一个人画好了,马上把酒壶从他手里夺过去,说:"蛇是没有脚的,所以第一个画好蛇的人不是你,而是我了!"后来人们就用"画蛇添足"比喻自作聪明做多余的事,反而把事情办糟了。

三、拓展学习

阅读《中华成语故事》。

四、学习笔记

学习笔记

每逢佳节　倍思亲人

——《传统节日》

一、呈现课本（部编小学语文教材二年级下第31页）

二、学习国学

中国的传统节日不仅形式多样,而且内容丰富,是我国传统文化的重要组成部分。我国古代的传统节日,大多和天文、历法、数学及节气有关。不同的节日有不同的风俗,从这些流传至今的风俗里,我们可以清晰地看到古代人民社会生活的精彩画面,体会到人们对幸福生活的积极向往和执着追求。在漫长的历史长河中,历代的文人雅士、诗人墨客,为一个个节日写出许多千古名篇,这些诗文使中国的传统节日渗透出深厚的文化底蕴,精彩浪漫。

我国重大的传统节日有春节、元宵节、寒食节、清明节、端午节、中秋节、重阳节、冬至、腊八等。下面我们介绍其中几个。

(一)元宵节

正月十五日是我国的传统节日——元宵。元宵节又称为上元节、灯节。正月是农历的元月,古人称夜为“宵”,所以称正月十五为元宵节。正月十五日是一年中第一个月圆之夜,也是大地回春的夜晚,人们对此加以庆祝,也是庆贺新春的延续。元宵节起源于汉朝,已经有两千多年的历史。按民间的传统,在这天上皓月高悬的夜晚,人们燃灯放焰,出门赏月,喜猜灯谜,共吃元宵。

元宵燃灯的风俗起自汉朝,到了唐代,赏灯活动更加兴盛,皇宫里、街道上处处挂灯,还要建起高大的灯轮、灯楼和灯树,唐朝大诗人卢照邻曾在《十五夜观灯》中这样描述元宵节燃灯的盛况:“接汉疑星落,依楼似月悬。”到了清代,赏灯活动规模很大,除燃灯之外,还放烟花助兴。“猜灯谜”也叫“打灯谜”,因为谜语能启迪智慧又饶有兴趣,所以在流传过程中深受社会各阶层的欢迎。

过元宵节还有吃元宵的习俗。元宵由糯米制成,或实心,或带馅。馅有豆沙、白糖、山楂、各类果料等,食用时煮、煎、蒸、炸都可以。起初,人们把这种食物叫“浮圆子”,后来又叫“汤团”或“汤圆”。这些名称与“团圆”字音相近,象征全家人团团圆圆,和睦幸福。人们也以此怀念离别的亲人,寄托着对未来生活的美好向望。

一些地方的元宵节还有“走百病”的习俗,又称“烤百病”“散百病”,人们结伴而行,或走墙边,或过桥,走郊外,目的是祛病除灾。元宵节的活动还有很多,不少地方还有耍龙灯、耍狮子、踩高跷、划旱船、扭秧歌、打太平鼓等传统民俗表演。

(二)清明节

清明节最主要的风俗就是扫墓祭祖、踏青、插柳。

清明节扫墓祭祖,传说起源于春秋时期晋文公悼念介子推的故事。在介子推去世的第二年的寒食节,推崇介子推道德风范的当地百姓,到介子推的墓前撮土填坟,上供祭祀。后来,百姓开始给自己去世的亲友扫墓,逐渐形成了清明祭祖扫墓的习俗。在唐代以前祭祖扫墓的日期是在寒食节,到宋朝就移到清明节这一天。

清明节,又叫踏青节。据说踏青不只是为了观赏春天风光,还因为寒食节禁火、吃冷食,会使一些人的身体受到伤害。于是大家出外踏青、郊游,或者参与一些荡秋千、踢足球、插柳等户外活动,以便增强身体的抵抗力。这个习俗也为清明节增添了欢愉轻松的色彩。

清明节插柳的习俗传说是为怀念介子推。晋文公来到绵山祭奠介子推时,发现老柳树死而复活,感到十分惊奇。他随手折了条柳枝,编成圈戴在头上,由此大臣们和百姓纷纷效仿,逐渐形成清明节折柳和门前插柳的习俗。

(四)重阳节

农历九月初九是重阳节,有登高郊游、佩戴茱萸和饮菊花酒的习俗。最初,这些习俗是为避灾免祸,后来这种含义逐渐淡化。人们认为九月初九是两个阳数的重合,日月呼应,是"极阳"之数,意味着光明、兴旺、发达,便于寄予人们对长寿、健康的祈求与祝福。因此,重阳节登高山、饮菊花酒和插茱萸等习俗便成为人们祈求长寿的老年节了。

三、拓展学习

阅读《中国传统节日与文化》。

四、学习笔记

每逢佳节　倍思亲人——《传统节日》

中国美食　誉满全球

——《中国美食》

一、呈现课本（部编小学语文教材二年级下第35页）

④ 中国美食

凉拌菠菜（bō）　　香煎豆腐（jiān fǔ）　　红烧茄子（qié）

烤鸭（kǎo）　　水煮鱼（zhǔ）

蒸饺（zhēng jiǎo）
炸酱面（zhá jiàng）
小米粥（zhōu）
蛋炒饭（dàn）

葱爆羊肉（bào）　　小鸡炖蘑菇（dùn mó gū）

我还能说出更多的家乡美食。

二、学习国学

中国传统餐饮文化历史悠久，在数千年的时间里，人们发明了炒(爆、熘)、烧(焖、煨、烩、卤)、煎(塌、贴)、炸(烹)、煮(氽、炖、煲)、蒸、烤(腌、熏、风干)、凉拌、淋扒、涮等烹饪方式，各种烹饪方式不断发展、相互组合，产生了各种独具特色的菜肴和菜系。

中国的饮食文化源源流长，一个菜系的形成和它的悠久历史与独到的烹饪特色是分不开的，同时也受到这个地区的自然地理、气候条件、资源特产、饮食习惯等影响。

我国各地的物产和风俗习惯各不相同，如中国北方多牛羊，就常以牛羊肉做菜；中国南方多产水产、家禽，人们则喜食鱼、禽肉；而中国沿海多海鲜，就以海产品做菜。

我国各地气候差异较大，因此会形成不同的口味。一般说来，中国北方寒冷，菜肴以浓厚，咸味为主；中国华东地区气候温和，菜肴则以甜味和咸味为主，西南地区多雨潮湿，菜肴多用麻辣浓味。

我国各地对食材的烹饪方法不尽相同，如山东菜、北京菜多爆、炒、烤、熘等；安徽、江苏多炖、蒸、烧等；四川菜多烤、煸炒等；广东菜多长烤、焗、炒、炖、蒸等。

菜肴在历史上产生过许多流派。据史书记载，在宋代的时候，中国各地的饮食已经有了区别。《梦溪笔谈》中记录："大底南人嗜咸，北人嗜甘。鱼蟹加糖蜜，盖便于北俗也。"说明当时北方人喜欢吃甜的，南方人喜欢吃咸的。到了明代末期，中国饮食分为京式、苏式和广式。京式偏咸，苏式、广式偏甜。到了清代，形成鲁、川、粤、苏四大菜系。民国时期，中国各地的文化有了很大发展。川式菜系分为川菜和湘菜，广式菜系分为粤菜、闽菜，苏式菜系分为苏菜、浙菜和徽菜。因为川、鲁、粤、苏四大菜系形成历史较早，后来，闽、浙、湘、徽等地方菜也逐渐出名，就形成了鲁、川、粤、苏、闽、浙、湘、徽"八大菜系"。

鲁菜是历史最悠久、技法最丰富、难度最大、最见功力的菜系。讲究原料质地优良，以盐提鲜，以汤壮鲜，调味讲求咸鲜纯正，突出本味。鲁菜的代表菜品有糖醋鱼、葱爆羊肉、锅塌豆腐、红烧海螺、香酥鸡、黄鱼豆腐羹等。

川菜是起源于四川、重庆，以麻、辣、鲜、香为特色。原料多选山珍、江鲜、野蔬和畜禽。善用小炒、干煸、干烧和泡、烩等烹调法。川菜的风格朴实而又清新，具有浓厚的乡土气息。代表菜品：水煮肉片、鱼香肉丝、回锅肉、宫保鸡丁、辣子鸡丁、辣子肥肠、麻婆豆腐、水煮鱼、泡椒肉丝等。

粤菜即广东菜，发源于岭南。由广州菜(也称广府菜)、潮州菜(也称潮汕菜)、东江菜(也称客家菜)三种地方的风味组成。粤菜用料广博，选料珍奇，配料精巧，善于在模仿中创新，依据食客的喜好而烹制。在烹调上以炒、爆为主，兼有烩、煎、烤，讲究清而不淡，鲜而不俗，嫩而不生，油而不腻，时令性强，夏秋时节尚清淡，冬春时节求浓郁。粤菜代表菜品有蚝油牛柳、文昌鸡、蜜汁叉烧、清蒸石斑鱼、客家酿豆腐等

苏菜即江苏菜系。江苏菜系选料讲究，刀工精细，口味偏甜，造型讲究，特色鲜明。苏菜代表菜品有狮子头、叫花鸡、松鼠鳜鱼、黄焖栗子鸡等。

闽菜清鲜、淡爽、偏于甜酸，尤其讲究调汤，汤鲜、味美，汤菜品种多，具有传统特色。闽菜有"福州菜飘香四海，食文化千古流传"的美称。闽菜最突出的烹调方法有醉、扣、糟等，其中最具特色的是糟，有炝糟、醉糟等；闽菜中常用的红糟，由糯米经红曲发酵而成，糟香浓郁、色泽鲜红，非常适合在夏天食用。闽菜代表菜品有佛跳墙、太极明虾、沙县拌面、荔枝肉、醉排骨、红糟鱼排等。

浙江地处中国东海之滨，素称鱼米之乡，特产丰富，盛产山珍和各种鱼类。浙菜采用原料十分广泛，注重原料的新鲜、合理搭配，以求味道的互补，充分发掘出普通原料的美味与营养。浙菜的代表菜品有西湖醋鱼、龙井虾仁、油焖春笋、杭州煨鸡、香酥焖肉等

徽菜是古徽州的地方特色，其独特的地理人文环境赋予徽菜独有的味道，一般浓油赤酱，所谓重油、重色、重火工，芡重，色深，味浓。同时由于徽州多山多水多食材，徽菜注重食物的本真，以烹饪山珍水产见长，代表菜肴有毛峰熏鲥鱼、火腿炖甲鱼、腌鲜鳜鱼、黄山炖鸽、雪冬烧山鸡等。

湘菜是中国历史悠久的一个地方风味菜。湘菜讲究调味，尤重酸辣、咸香、清香、浓鲜。夏天炎热，其味重清淡、香鲜。冬天湿冷，味重热辣、浓鲜。湘菜调味，特色是"酸辣"，"酸"是酸泡菜之酸，而辣椒有提热、开胃、祛湿、祛风的功效。湘菜的代表菜品有麻辣仔鸡、金钱鱼、辣椒炒肉、湘西外婆菜、腊味合蒸、姊妹团子等。

三、拓展学习

阅读《中国八大菜系》。

四、学习笔记

心系苍生　胸怀天下

——《绝句》

一、呈现课本（部编小学语文教材二年级下第72页）

绝　句

[唐]杜甫

两个黄鹂鸣翠柳，
一行白鹭上青天。
窗含西岭千秋雪，
门泊东吴万里船。

二、学习国学

　　杜甫，字子美，自号少陵野老，后世称其杜拾遗、杜工部，也称他杜少陵、杜草堂，唐代伟大的现实主义诗人，与李白合称"李杜"。杜甫在中国古典诗歌中的影响非常深远，被后人称为"诗圣"，他的诗被称为"诗史"。代表作品有《春望》《北征》以及"三吏""三别"等。

杜甫少年时代先后游历吴越和齐赵地区,其间曾赴洛阳参加科举,没有中举,三十五岁以后,先在长安应试,落第。杜甫官场不得志,亲眼看到了唐朝上层社会的奢靡与社会危机。安史之乱爆发后,杜甫为躲避战乱,在多个地方辗转生活,后来进入四川,虽然生活相对安定,但他仍然心系苍生,胸怀国事。后来,杜甫思乡心切,一心回乡,在由潭州往岳阳的一条小船上去世,时年五十九岁。

杜甫生活在唐朝由盛转衰的历史时期,他的诗歌内容多为社会动荡、政治黑暗、人民疾苦,反映了当时的社会矛盾和人民疾苦,表达出他崇高的儒家仁爱精神和强烈的忧患意识。

杜甫善于对现实生活做高度的艺术概括。这种概括,有的时候是选取具有典型意义的事物,通过客观的描写,把复杂的社会现象集中在一两句诗里,从而揭示它的本质,比如"朱门酒肉臭,路有冻死骨",内容简洁明了,表现的现实却使人触目惊心;"戎马不如归马逸,千家今有百家存"则表现出战争的罪恶,也把一个复杂的社会现象概括在十四个字里。

杜甫诗歌的第二个特点是雄浑壮阔的艺术境界和细致入微的表现手法相统一。杜甫具有爱国爱民的胸怀、渊博的知识、丰富的生活经验,所以他的诗歌的境界是雄浑壮阔的,而这种境界往往是描写眼前具体细致的景物和表现内心情感的细微变化来达到的。比如"三吏""三别",杜甫具体细致地写出安史之乱的各个方面,从不同的角度、不同的侧面具体反映了这场战乱带给国家和人民深重的灾难。

杜甫诗歌在语言艺术方面成就突出。他的语言经过千锤百炼,"语不惊人死不休"。杜甫的语言不同于李白的单纯自然,而是苍劲的、凝练的。苍劲就是苍老遒劲的意思,他的语言也正像是一口洪钟发出的深沉的声音。凝练是说他能用最少的字句表现最丰富的内容,达到高度的概括。苍劲、凝练构成了杜诗语言的主要特色。

杜甫的诗歌涉及五言、七言、古体、律诗、绝句等多种体裁。他尤其擅长古体和律体,在七律方面的贡献特别突出。杜甫不仅用七律来描绘自然的风景,或者用来赠答酬唱,而且用七律这种形式表现政治内容,感叹时事,批评政治,抒发他的忧国忧民的思想。在艺术上,杜甫的七律诗前期是秀丽、典雅的,后期则沉雄悲壮、慷慨激昂的风格,把七律的创作推向了高潮。

杜甫热爱生活,热爱人民,热爱祖国的大好河山。他疾恶如仇,揭露和批评朝廷的腐败、社会生活中的黑暗现象。他同情人民,情愿为解救人民的苦难做出牺牲。他的诗歌以最普通的老百姓为主角,始终贯穿着忧国忧民的情感。杜甫流传下来的诗篇是唐诗里最多最广泛的,是唐代最杰出的诗人之一,对后世影响深远。杜甫作品被称为世上疮痍,诗中圣哲;民间疾苦,笔底波澜。下面我们一起来阅读几首杜甫的诗歌。

春望

国破山河在,城春草木深。感时花溅泪,恨别鸟惊心。

烽火连三月,家书抵万金。白头搔更短,浑欲不胜簪。

译文:国都遭侵但山河依旧,长安城里的杂草和树木茂盛地疯长。感于战败的时局,看到花开而潸然泪下,内心惆怅怨恨,听到鸟鸣而心惊胆战。连绵的战火已经延续了一个春天,家书难得,一封抵得上万两黄金。愁绪缠绕,搔头思考,白发越搔越短,简直要不能插簪了。

登高

风急天高猿啸哀,渚清沙白鸟飞回。无边落木萧萧下,不尽长江滚滚来。

万里悲秋常作客,百年多病独登台。艰难苦恨繁霜鬓,潦倒新停浊酒杯。

译文:风急天高猿猴啼叫显得十分悲哀,水清沙白的河洲上有鸟儿在盘旋。无边无际的树木萧萧地飘下落叶,望不到头的长江水滚滚奔腾而来。悲对秋景感慨万里漂泊常年为客,一生当中疾病缠身今日独上高台。历尽了艰难苦恨白发长满了双鬓,衰颓满心偏又暂停了消愁的酒杯。

三、拓展学习

阅读《杜诗详注》。

四、学习笔记

学习笔记

心系苍生 胸怀天下——《绝句》

四大发明　属我中国

——《要是你在野外迷了路》

一、呈现课本（部编小学语文教材二年级下第76页）

⑰ 要是你在野外迷了路

要是你在野外迷了路，
可千万别慌张。
大自然有很多天然的指南针，
会帮助你辨别方向。

太阳是个忠实的向导，
它在天空给你指点方向。
中午的时候它在南边，
地上的树影正指着北方。

北极星是盏指路灯，
它永远高挂在北方。
要是你能认出它，
就不会在黑夜里乱闯。

要是碰上阴雨天，
大树也会来帮忙。
枝叶稠的一面是南方，
枝叶稀的一面是北方。

联系下句的"稠"，我能猜出"稀"的意思。

雪特别怕太阳，
沟渠里的积雪会给你指点方向。
看看哪边雪化得快，哪边化得慢，
就可以分辨北方和南方。

要是你在野外迷了路，
可千万别慌张。
大自然有很多天然的指南针，
需要你细细观察，多多去想。

二、学习国学

我国古代的四大发明指的是造纸术、指南针、火药和印刷术。四大发明是我国古代劳动人民的重要创造，是我国古代科学技术繁荣的标志和人民聪明智慧的体现。四大文明是中国人民对世界科学技术发展做出的巨大贡献，对于促进各国人民之间的文化交流与贸易往来，促进世界的文明和进步产生了极其深远的影响。

（一）指南针

指南针，又称罗盘，是用来测定方向的仪器，它的前身是司南。

我国祖先很早就知道了磁石吸铁的性质，《管子•地数》中就有记载："上有磁石者，下有铜金"。而在《韩非子•有度》中有记载"立司南以端朝夕"，意思是用司南定方位，可见，在公元前3世纪，中国人就开始利用司南工具。汉代出现勺形司南，《论衡•是应》记载中有记载："司南之勺，投之于地，其柢指南"，意思是司南就是将天然磁体打磨成勺形，放在一个光滑的青铜方形盘上，微微转动勺把，待静止时，勺把就指向南方。这个青铜方形盘上刻有天干地支和八卦二十四位，所以称为地盘。司南为后来指南针的发明奠定了基础。张衡在写《东京赋》时，第一次把"司南"改为"指南"。

宋代至少出现了两种形式的指南针，一种是鱼形，一种是针形，鱼形指南针又叫指南鱼。沈括在《梦溪笔谈》中记载了磁针的四种装置方法：水浮法、指爪法、碗唇法、缕悬法。南宋时期，指南针在航海上得到了广泛的运用。阿拉伯人、波斯人、罗马人从海路来中国经商，指南针也很快就传到了阿拉伯、波斯并被运用到了航海上面。

（二）造纸术

纸使人类的文化得以很好地保存和传播，纸的发明具有划时代的意义。

几千年前我们的祖先就创造了文字，那时没有纸，只能把文字记录各种东西上，从龟甲、兽骨到青铜器，再到竹片、木片和丝帛，我国古代的劳动人民一直在探索记录文字的载体。后来，人们用蚕茧制作丝绵时发现，盛放蚕茧的篾席上，会留下一层薄片，可用于书写。考古学家发现，西汉时代的人民已经会用麻造纸了，但麻纸粗糙，不便书写。东汉时，蔡伦改进了造纸技术，他扩大造纸原料范围，不仅用麻、破布、渔网，还用树皮作原料。他造出的纸质地优良，书写方便，这种造纸技术得到迅速推广，汉代以后人们依旧沿用蔡伦的造纸工艺。造纸术先后传到朝鲜半岛、日本、阿拉伯世界和欧洲，极大地促进了人类社会的进步和文化的发展，影响了全世界。

（三）印刷术

在没有发明印刷术以前，书籍是靠手抄或摹拓。手抄容易出现错误，而摹拓昂贵不便利，于是我们的祖先开始寻找新的方法。到了隋代，人们发明了雕版印刷术。这种方法是把文字写在木板上，雕刻成阳文反字的模板，字面向上放好，然后刷墨、贴纸，再把纸揭下来装订在一起，就成为带字的书。唐代咸通九年的印造《金刚经》就采用了雕版印刷术。雕版印刷术相继传入朝鲜越南、伊朗、埃及、欧洲等地。

宋代毕昇创造了活字印刷术。活字印刷术是把胶泥做成方块，刻上凸出的字，然后烧制成"活字"。在铁板上涂松脂和蜡，把铁框放在铁板上，在框里排活字。排完后，把铁板放在火上烤，使松脂和蜡固定活字，并压平然后刷墨、贴纸，完成印刷。到了元代，王祯创造了用木活字印书的方法，先用木板刻字，再锯开、修整，然后印刷。木活字易于着墨，印书效果更好。此外，元代还有铜活字，明代有铅活字，元朝的木活字印刷很快向西传入中亚，后来传入欧洲；向东传入朝鲜和日本。

（四）火药

中国在唐朝时期发明了火药，并用于军事。汉唐时期盛行炼丹术，术士烧炼各种矿物，试图得到灵丹妙药，逐渐知道了一些药物的燃烧和爆炸性能。到公元 7 世纪发明火药后，人们尝试着用发石机抛射火药弹。唐哀帝时，郑璠攻打豫章采用了用于燃烧的火药弹。到了宋代，火药经常用于军事。《武经总要》记载了火药三方面的用途：一是作燃烧剂，二是作爆炸物，三是作发射药，制成管形火器。宋元时期，各方军事上利用火药攻击敌方，出现霹雳炮、震天雷、管形火器等多种武器。火药不仅用来制作武器，还用于造鞭炮、放焰火，制作火戏、狩猎。公元 13 到 14 世纪，火药和火器的知识先传入西亚，后又传到欧洲。

我国古代的科技成就除了"四大发明"，还有涉及建筑、数学、天文学、机械、地质学、物理学等各领域的成就，比如张衡发明了测验地震的仪器——地动仪，祖冲之把圆周率的计算精确到了小数点后四位，莘七娘发明了松脂灯作为打仗时的信号灯。

三、拓展学习

阅读《四大发明的故事》。

四、学习笔记

学习笔记

四大发明　属我中国——《要是你在野外迷了路》

中医中药　国粹精华

——《李时珍》

一、呈现课本（部编小学语文教材二年级下第114页）

> ### 李时珍
>
> 明朝出了一位伟大的医药学家，叫李时珍。
>
> 李时珍家世代行医。他的父亲医术很高，给穷人看病常常不收诊费。李时珍看到医生能救死扶伤，解除病人的痛苦，就从小立下志向，要像父亲一样为穷人看病。
>
> 李时珍处处留心向父亲学习，二十二岁开始给人看病，一面行医，一面研究药物。他发现旧的药物书有不少缺点：许多有用的药物没有记载；有些药物只记了个名称，没有说明形状和生长情况；还有一些药物记错了药性和药效。他想，病人吃错了药，那多危险啊，于是决定重新编写一部完善的药物书。
>
> 为了写这部药物书，李时珍不但在给人治病的时候注意积累经验，还到各地去采药。他不怕山高路远，不怕严寒酷暑，走遍了万水千山。他有时上山采药好几天不下山，饿了就吃些干粮，天黑了就在山上过夜。他走了上万里路，拜访了千百个医生、农民、渔民和猎人，向他们学到了书上没有的知识。他还冒着生命危险尝药材，判断药性和药效。
>
> 几年之后，他回到老家，开始写书。他用了整整二十七年，终于编写成了一部新的药物书，就是著名的《本草纲目》。

二、学习国学

中医学指的是中国的传统医学，是研究人体生理、病理以及疾病的诊断和防治等的一门科学。中医学的理论体系受到阴阳五行学说的深刻影响。中药即中医用药,是中国传统中医特有的药物。中医药是我国人民在长期的生产劳动、生活实践与医疗实践中,不断地进行积累总结的结果。

中医的基础理论是对人体生命活动和疾病变化规律的理论概括,它主要包括阴阳、五行、运气、脏象、经络等学说,包括病因、诊法、辨证、预防、养生等内容。

中医的诊断方法包括望诊、闻诊、问诊、切诊四种方法,就是我们常说的"望、闻、问、切"。这四种诊断方法各有其独特的作用,不能相互取代。

中医治疗方法主要包括针灸疗法、刮痧疗法、推拿、拔罐疗法等。针灸疗法是指针刺或火灸人体的穴位来治疗疾病;刮痧疗法是用边缘光滑的嫩竹板、瓷器片、小汤匙等工具,蘸着清水等东西在身体特定的部位反复刮动,治疗疾病;推拿食在人体的一定部位上施以特定的操作手法或肢体活动,来防治疾病、强身健体;拔罐疗法是使特定部位造成充血现象,达到治病的目的。

中医药有着悠久的历史。中国劳动人民几千年来在与疾病做斗争的过程中,通过实践,不断认识,逐渐积累了丰富的医药知识。没有文字的时候,这些知识只能依靠师承口授,后来有了文字,便逐渐记录下来,出现了医药书籍。这些书籍总结了前人的经验,使中医药得以流传和推广。

中医发源于黄河流域。中医药在漫长的发展过程中,历代都有不同的创造,涌现出许多名医,出现了许多重要学派和名著。

早在夏商周时期,中国就出现了药酒及汤液。周代已经开始使用望、闻、问、切等诊病方法和药物、针灸、手术等治疗方法。秦汉时期形成了现存最早的中医理论典籍——《黄帝内经》,总结了之前的治疗经验和医学理论,对人体的解剖、生理、病理以及疾病的诊断、治疗与预防,做了比较全面的叙述,在理论上建立了中医学上的"阴阳五行学说""脉象学说""藏象学说""经络学说""病因学说""病机学说""病症""诊法""论治"及"养生学""运气学"等学说,初步奠定了中医学的理论基础。《黄帝内经》收载的成方13首中,有10种中成药,并有丸、散、酒、丹等剂型。后来出现的《难经》也是一部中国经典的中医理论著作。这本书的作者把自己认为的《黄帝内经》中的难点和疑点提出,然后逐一解释。全书共分81难,是《黄帝内经》很好的补充。

秦汉以来,交通日渐发达,偏远地区的药材不断进入中原,丰富了人们的药材知识。《神农本草经》是现存最早的药学专著。它的出现,标志着中药学的初步确立。《神农本草经》,又名《神农本草》,简称《本草经》《本经》,全书分三卷,记载药物365种,其中植物药252种,动物药67种,矿物药46种,分为上、中、下三品。《神农本草经》对药物的性味做出了详尽的描述:指出寒、热、温、凉四气和酸、苦、甘、辛、咸五味是药物的基本性情,可以针对疾病的寒、热、湿、燥等不同的性质选择用药。《神农本草经》中提出的"七情和合"原则,在几千年的用药实践中发挥了巨大作用。

东汉时期,著名医家张仲景著成了《伤寒杂病论》,在流传的过程中,后人又将该书分为《伤寒论》和《金匮要略》,基本上概括了临床各科的常用方剂,被誉为"方书之祖"。

《伤寒论》是对外感热病内容的结集,这本书总结前人的医学成就和实践经验,并结合自己的临床经验,系统地阐述了多种外感疾病及杂病的辨证论治,理法方药俱全,不仅为诊治外感疾病提出了辨证纲领和治疗方法,也为中医临床各科提供了辨证论治的规范。《金匮要略》共3卷,上卷为辨伤寒,中卷则论杂病,下卷记载药方。全书共25篇,方剂262首,列举病症60余种,所述病症以内科杂病为主,兼有部分外科、妇产科等病症。

魏晋南北朝到隋唐五代,脉诊取得了突出的成就。晋代名医王叔和所著的《脉经》归纳了24种脉象。隋唐时期,官府组织编修《唐·新修本草》,是中国古代由政府颁行的第一部药典,也是世界上最早的国家药典。唐代医家孙思邈著成了《备急千金要方》《千金翼方》。

宋代,中医教育受到重视。朝廷设立"太医局"培养中医人才,并对历代重要医籍进行搜集、整理、考证和校勘。明清以来,明医药学家李时珍历时27年,参考文献800余种,写成了《本草纲目》,收载药物1892种,附方10000多个,成为中国本草史上最伟大的集成之作,对中国和世界药物学的发展做出了杰出的贡献。

中医药是我国经过几千年的不断实践积累下来的宝贵经验,是我国优秀传统文化的重要组成部分,凭借着独特的诊疗方法和效果,以及独特的理论体系,屹立于世界医学之林,受到越来越多世界人民的重视。

三、拓展学习

阅读《中医大家与中医著作》。

四、学习笔记